DR. OETKER

PARTY REZEPTE

AUS DEM OFEN

JÄGERBÄLLCHEN, KARTOFFEL-SCHICHTTORTE, LASAGNE ALL'ARRABIATA, SCHEIBENAUFLAUF...

DR. OETKER

PARTY REZEPTE

AUS DEM OFEN

JÄGERBÄLLCHEN, KARTOFFEL-SCHICHTTORTE, LASAGNE ALL' ARRABIATA, SCHEIBENAUFLAUF...

Dr. Oetker Verlag

Vorwort

Ob Auflauf, Braten, Gratin – die Vielfalt der leckeren Kreationen aus dem Ofen ist riesig. Und das Schönste von allem: Ist das Gericht erst im Backofen, dann ist die Arbeit schon getan und Sie können Ihren Gästen gelassen entgegensehen.

Das ist das Erfolgsrezept der Partybücher von Dr. Oetker: Raffinierte, kreative Rezepte, die einfach und ohne großen Aufwand zuzubereiten sind.

Für alle Hobbyköche, die ihre Gäste gern verwöhnen und am liebsten von Anfang an mitfeiern, sind diese Rezepte genau das Richtige.

Alle Rezepte sind wie immer nachgekocht, von Dr. Oetker überprüft und so beschrieben, dass sie garantiert gelingen.

Abkürzungen

EL	= Esslöffel
TL	= Teelöffel
Msp.	= Messerspitze
Pck.	= Packung/Päckchen
g	= Gramm
kg	= Kilogramm
l	= Liter
ml	= Milliliter
evtl.	= eventuell
geh.	= gehäuft
gestr.	= gestrichen
TK	= Tiefkühlprodukt
°C	= Grad Celsius
Ø	= Durchmesser
E	= Eiweiß
F	= Fett
Kh	= Kohlenhydrate
kcal	= Kilokalorien
kJ	= Kilojoule

Hinweise zu den Rezepten

Die Rezepte sind – wenn nicht anders angegeben – für 12 Personen berechnet. Lesen Sie bitte vor der Zubereitung – besser noch vor dem Einkaufen – das Rezept einmal vollständig durch. Oft werden Arbeitsabläufe oder -zusammenhänge dann klarer. Die in den Rezepten angegebenen Backtemperaturen und -zeiten sind Richtwerte, die je nach individueller Hitzeleistung des Backofens über- oder unterschritten werden können. Bitte beachten Sie deshalb bei der Einstellung des Backofens die Gebrauchsanweisung des Herstellers und machen Sie nach Beendigung der Backzeit eine Garprobe.

Zubereitungszeiten

Die Zubereitungszeit beinhaltet nur die Zeit für die eigentliche Zubereitung, die Backzeiten sind gesondert ausgewiesen. Längere Wartezeiten wie z. B. Kühlzeiten sind ebenfalls nicht mit einbezogen.

Kapitelübersicht

Kapitelübersicht

Fisch

Fisch aus dem Backofen ist einfach zuzubereiten und bei Gästen immer ein Erfolg.

Kabeljaufilet „Italienische Art"

Zubereitungszeit: 95 Min.
Garzeit: etwa 30 Min.

Pro Portion:
E: 40 g, F: 15 g, Kh: 13 g, kJ: 1581, kcal: 377

- **6 Zucchini (etwa 1200 g)**
- **1 Bund oder kleiner Topf Zitronenthymian**
- **6 EL Pflanzenöl**
- **3 Pck. (je 450 g) stückige Tomatensauce, z.B. Pomito**
- **Salz**
- **frisch gemahlener Pfeffer**

- **24 Kabeljaufilets (je etwa 75 g)**
- **Zitronensaft**
- **6 Eier**
- **400 ml Milch**
- **200 g geriebener Parmesan-Käse**
- **100 g Weizenmehl**
- **4 EL Pflanzenöl**

1 Zucchini waschen, abtrocknen und die Enden abschneiden. Zucchini längs halbieren und in Scheiben schneiden. Zitronenthymian abspülen und trockentupfen. Die Blättchen von den Stängeln zupfen und fein hacken.

2 Pflanzenöl in einem Bräter erhitzen. Zucchinischeiben portionsweise darin anbraten. Tomatensauce hinzugießen. Mit Salz, Pfeffer und Zitronenthymian würzen, 5–10 Minuten leicht kochen lassen.

3 Kabeljaufilets unter fließendem kalten Wasser abspülen und trockentupfen. Mit Salz, Pfeffer und Zitronensaft würzen.

4 Eier, Milch und Käse in einer flachen Schale verrühren. Kabeljaufilets zunächst in Mehl, dann in der Eier-Käse-Mischung wenden (Filets am Schalenrand etwas abstreifen). Pflanzenöl in einer großen Pfanne erhitzen. Die Kabeljaufilets portionsweise bei nicht zu starker Hitze von beiden Seiten kurz darin anbraten.

5 Kabeljaufilets auf das Zucchinigemüse legen. Den Bräter auf dem Rost in den Backofen schieben.

(Fortsetzung Seite 10)

Ober-/Unterhitze:
etwa 200 °C (vorgeheizt)
Heißluft: etwa 180 °C (vorgeheizt)
Gas: Stufe 3–4 (vorgeheizt)
Garzeit: etwa 30 Min.

6 Die Kabeljaufilet sofort servieren.

Tipp:
Etwa 10 Minuten vor Ende der Garzeit 800 g Gnocchi (aus dem Kühlregal) zum Gemüse geben und mitgaren lassen oder die Gnocchi in einer Pfanne in erhitztem Speiseöl anbraten und dazu reichen.

Italienische Fischlasagne

Zubereitungszeit: 95 Min.
Garzeit: 50–60 Min.

Pro Portion:
E: 50 g, F: 47 g, Kh: 42 g, kJ: 3509, kcal: 838

- **1,5 kg Viktoriabarschfilet**
- **1,5 kg Blattspinat**
- **2 Gemüsezwiebeln (etwa 450 g)**
- **6 große Fleischtomaten (etwa 900 g)**
- **3 EL Pflanzenöl**
- **1,5 l Béchamel-Sauce (6 Tetra Pak, je 250 ml [1/4 l])**
- **2 Bund Thymian**
- **Salz**
- **frisch gemahlener Pfeffer**

- **1 Pck. (500 g) Lasagneblätter, ohne Vorgaren**

- **300 g geriebener Parmesan-Käse**
- **300 g geriebener Käse, z. B. Provolone oder Gouda**

1 Barschfilet unter fließendem kalten Wasser abspülen, trockentupfen und in Würfel schneiden.

2 Blattspinat verlesen, waschen und abtropfen lassen. Spinat in kochendem Salzwasser 1–2 Minuten blanchieren, in ein Sieb geben, mit kaltem Wasser übergießen und gut abtropfen lassen. Zwiebeln abziehen und fein würfeln. Fleischtomaten waschen, abtrocknen, halbieren, Stängelansätze herausschneiden und die Tomaten entkernen. Tomaten in Würfel schneiden.

3 Pflanzenöl in einer großen Pfanne erhitzen, Zwiebel- und Fischwürfel darin andünsten, mit Blattspinat, Tomatenwürfeln und Béchamelsauce (etwas Sauce beiseite stellen) vorsichtig mischen. Thymian abspülen, trockentupfen und fein hacken. Mit Salz, Pfeffer und Thymian würzen.

Beilage:
Gemischte Blattsalate, z. B. Radicchio, Chicorée, Frisée in Essig-Öl-Dressing.

4 Fischlasagne in 2 großen, flachen Auflaufformen zubereiten. Dazu jeweils eine dünne Schicht der Gemüse-Fisch-Füllung in je eine Auflaufform geben, mit Parmesan-Käse bestreuen und mit je drei Lasagneblättern bedecken. Diesen Vorgang zweimal wiederholen. Die oberste Schicht sollte aus Lasagneblättern bestehen. Lasagneblätter mit der beiseite gestellten Sauce bestreichen und mit dem Provolone- oder Gouda-Käse bestreuen. Die Formen nacheinander (bei Heißluft zusammen) auf dem Rost in den Backofen schieben.

Ober-/Unterhitze:
180–200 °C (vorgeheizt)
Heißluft: 160–180 °C (nicht vorgeheizt)
Gas: etwa Stufe 3 (nicht vorgeheizt)
Garzeit: 50–60 Min.

5 Die Fischlasagne möglichst heiß servieren.

Asiatische Fischpfanne

Zubereitungszeit: 90 Min.
Garzeit: etwa 10 Min.

Pro Portion:
E: 37 g, F: 17 g, Kh: 14 g,
kJ: 2040, kcal: 487

- **12 Lachsmedaillons (je etwa 80 g)**
- **12 Tunfischmedaillons (je etwa 80 g)**
- **4 rote Paprikaschoten (etwa 750 g)**
- **2 Bund Frühlingszwiebeln (etwa 500 g)**
- **3 Gläser Sojabohnenkeimlinge (Abtropfgewicht je etwa 160 g)**
- **2 Dosen Bambussprossen (Abtropfgewicht je etwa 175 g)**
- **8 EL Speiseöl**
- **Salz**
- **frisch gemahlener Pfeffer**
- **Sojasauce**
- **2 kleine Bund Koriander**

- **300 ml klare, milde Chilisauce**

1 Lachs- und Tunfischmedaillons unter fließendem kalten Wasser abspülen und trockentupfen. Bei den Lachsmedaillons evtl. vorhandene Gräten mit einer Pinzette herausziehen.

2 Paprikaschoten halbieren, entstielen, entkernen, die weißen Scheidewände entfernen. Schoten waschen und in kleine Stücke schneiden. Frühlingszwiebeln putzen, waschen und in Ringe schneiden. Sojabohnenkeimlinge und Bambussprossen in einem Sieb abtropfen lassen.

3 Die Hälfte des Speiseöls in einem großen Bräter erhitzen. Paprikastücke etwa 5 Minuten darin dünsten. Zwiebelringe, Sojabohnenkeimlinge und Bambussprossen hinzugeben. Gemüse mit wenig Salz, Pfeffer und Sojasauce würzen.

4 Koriander abspülen und trockentupfen. Die Blättchen von den Stängeln zupfen und zum Gemüse geben.

5 Lachs- und Tunfischmedaillons salzen und pfeffern. Restliches Speiseöl in einer Pfanne erhitzen. Die Medaillons kurz von beiden Seiten darin anbraten und auf das Gemüse legen. Den Bräter auf dem Rost in den Backofen schieben.

Ober-/Unterhitze:
etwa 180 °C (vorgeheizt)
Heißluft: etwa 160 °C (vorgeheizt)
Gas: Stufe 2–3 (vorgeheizt)
Garzeit: etwa 10 Min.

6 Die asiatische Fischpfanne auf einer vorgewärmten Platte anrichten und mit der Chilisauce sofort servieren.

Tipp:
Es können auch TK-Lachsfilets oder TK-Tunfischsteaks verwendet werden, dann Lachsfilets und Tunfischsteaks nach Packungsanleitung auftauen lassen. Lachsfilets halbieren und Thunfischsteaks in Stücke (etwa 80 g) schneiden. Sie können das Gemüse schon vorher zubereiten und dünsten, dann erhöht sich die Garzeit um etwa 15 Minuten. Falls kein großer Bräter vorhanden ist, können Sie die Fischpfanne auch in einer Fettfangschale zubereiten.

Beilage:
In heißem Speiseöl (Fritteuse) gebackenes Krabbenbrot, im Asia-Shop erhältlich.

Kabeljau „ungarisch"

Zubereitungszeit: 55 Min.
Garzeit: etwa 45 Min.

Pro Portion:
E: 40 g, F: 5 g, Kh: 14 g,
kJ: 1183, kcal: 282

- **2 Kabeljaus ohne Kopf, geschuppt (je etwa 1,2 kg)**
- **Salz**
- **frisch gemahlener Pfeffer**
- **Zitronensaft**

- **je 2 rote, grüne und gelbe Paprikaschoten (etwa 1200 g)**
- **800 g fest kochende Kartoffeln**
- **4 EL Pflanzenöl**
- **800 ml Gemüsebrühe oder Fischfond**
- **2 Pck. TK-Küchenkräuter**

- **4 EL Pflanzenöl**
- **etwas Weizenmehl**

1 Kabeljaus unter fließendem kalten Wasser abspülen und trockentupfen. Die Haut je Seite mit einem scharfen Messer dreimal einritzen. Mit Salz, Pfeffer und Zitronensaft würzen.

2 Paprikaschoten halbieren, entstielen, entkernen, die weißen Scheidewände entfernen. Schoten waschen, abtropfen lassen. Kartoffeln schälen, waschen, abtropfen lassen. Paprika und Kartoffeln in Würfel schneiden.

3 Pflanzenöl in einem großen Bräter erhitzen. Paprika- und Kartoffelwürfel darin anbraten. Brühe oder Fond hinzugießen und etwa 10 Minuten kochen lassen. Mit Salz, Pfeffer und Kräutern würzen.

4 Pflanzenöl in einer großen, beschichteten Pfanne erhitzen. Kabeljaus in Mehl wenden und von beiden Seiten darin anbraten. Kabeljaus auf das Paprika-Kartoffel-Gemüse legen. Den Bräter auf dem Rost in den Backofen schieben.

Ober-/Unterhitze:
etwa 200 °C (vorgeheizt)
Heißluft: etwa 180 °C
(nicht vorgeheizt)
Gas: Stufe 3–4 (nicht vorgeheizt)
Garzeit: etwa 45 Min.

Beilage:
Dazu passt **Tomatenreis**:
600 g Langkornreis mit 1800 ml Gemüsebrühe etwa 20 Minuten garen. Dann 8 abgezogene, in Würfel geschnittene Tomaten in 4 Esslöffeln Butter kurz andünsten, den Reis hinzufügen und mit Salz und Pfeffer abschmecken.

Tipp:
Für diese Zubereitungsart eignen sich auch andere Fischsorten, z. B. Dorsch oder Schellfisch. Man sollte nur darauf achten, dass die Fische etwa die gleiche Größe haben, da sich sonst die Garzeiten verändern.

Fischragout mit Fenchel

Zubereitungszeit: 80 Min.
Garzeit: etwa 35 Min.

Pro Portion:
E: 28 g, F: 8 g, Kh: 5 g,
kJ: 941, kcal: 225

- **4 Fenchelknollen (je etwa 250 g)**
- **3 rote Paprikaschoten (je etwa 200 g)**
- **Salzwasser**
- **etwa 200 g entkernte schwarze Oliven**
- **3 Zwiebeln**
- **Salz**
- **frisch gemahlener Pfeffer**

- **1,6 kg Rotbarschfilet**
- **2 Bund Dill**
- **250 ml (1/4 l) Weißwein**
- **250 ml (1/4 l) Fischfond**

1 Von den Fenchelknollen die Stiele dicht oberhalb der Knollen abschneiden, braune Stellen und Blätter entfernen, die Wurzelenden gerade schneiden. Die Knollen waschen, abtrocknen, halbieren und in Würfel schneiden.

2 Paprika halbieren, entstielen, entkernen, die weißen Scheidewände entfernen. Die Schoten waschen und in Würfel schneiden.

3 Fenchel- und Paprikawürfel in einen Topf mit Salzwasser geben, zum Kochen bringen, etwa 10 Minuten kochen lassen, anschließend in einem Sieb abtropfen lassen. Oliven ebenfalls in einem Sieb abtropfen lassen und in Scheiben schneiden. Zwiebeln abziehen und in kleine Würfel schneiden.

4 Fenchel-, Paprika-, Zwiebelwürfel und Olivenscheiben vermischen und in eine große, flache Auflaufform geben. Mit Salz und Pfeffer würzen.

5 Rotbarschfilet unter fließendem kalten Wasser abspülen, trockentupfen und in große Würfel schneiden. Mit Salz und Pfeffer bestreuen.

6 Dill abspülen, trockentupfen und fein schneiden.

7 Rotbarschwürfel zum Gemüse geben, Weißwein und Fischfond hinzugießen. Mit Salz, Pfeffer und Dill würzen. Die Form zugedeckt auf dem Rost in den Backofen schieben.

Ober-/Unterhitze:
180–200 °C (vorgeheizt)
Heißluft: 160–180 °C (vorgeheizt)
Gas: etwa Stufe 3 (vorgeheizt)
Garzeit: etwa 35 Min.

8 Das Ragout vorsichtig umrühren, nochmals mit Salz und Pfeffer würzen und sofort servieren.

- **Beilage:**

Reis oder Fladenbrot.

Makrelenfilets „Bretonische Art“

Zubereitungszeit: 65 Min.
Garzeit: etwa 25 Min.

Pro Portion:
E: 73 g, F: 45 g, Kh: 40 g, kJ: 3879, kcal: 925

- **24 Makrelenfilets mit Haut (je etwa 150 g)**
- **Salz**
- **frisch gemahlener Pfeffer**
- **3 EL Zitronensaft**

Für das Bohnenkern-Gemüse:

- **600 g fest kochende Kartoffeln**
- **2 Gemüsezwiebeln (etwa 450 g)**
- **4 EL Pflanzenöl**
- **2 Dosen rote Bohnenkerne (Einwaage 425 g)**
- **1 Dose weiße Bohnenkerne (Einwaage 425 g)**
- **1 Dose grüne Bohnenkerne (Einwaage 425 g)**
- **1 Bund Bohnenkraut oder 2 TL getrocknetes Bohnenkraut**

- **6 EL Pflanzenöl**
- **50 g Weizenmehl**

1 Makrelenfilets unter fließendem kalten Wasser abspülen, trockentupfen und die Haut mit einem scharfen Messer einritzen, damit beim Garen überflüssiges Fett austreten kann. Filets mit Salz, Pfeffer und Zitronensaft würzen.

2 Für das Gemüse Kartoffeln schälen, waschen, abtropfen lassen und in Würfel schneiden. Die Gemüsezwiebeln abziehen und ebenfalls in Würfel schneiden.

3 Pflanzenöl in einem großen Bräter erhitzen. Zwiebel- und Kartoffelwürfel darin andünsten. Bohnenkerne mit dem Saft hinzugeben. Mit Salz, Pfeffer und Bohnenkraut (frisches Bohnenkraut abspülen, trockentupfen und fein hacken) würzen. Die Gemüsezutaten etwa 10 Minuten leicht kochen lassen.

4 Pflanzenöl in einer großen Pfanne erhitzen. Fischfilets mit Mehl bestäuben und von beiden Seiten in Pflanzenöl anbraten. Fischfilets auf das Bohnenkern-Gemüse legen. Den Bräter auf dem Rost in den Backofen schieben.

Ober-/Unterhitze:
etwa 200 °C (vorgeheizt)
Heißluft: etwa 180 °C (vorgeheizt)
Gas: Stufe 3–4 (vorgeheizt)
Garzeit: etwa 25 Min.

5 Die Makrelenfilets sofort servieren.

Tipp:
Anstelle der Makrelenfilets können auch andere Fischfiletsorten, z. B. Zander oder Scholle verwendet werden. Bei Plattfischen, z. B. Scholle, ist die Garzeit kürzer.

Viktoriabarsch, gekräutert

Zubereitungszeit: 80 Min.
Garzeit: etwa 25 Min.

Pro Portion:
E: 29 g, F: 21 g, Kh: 2 g,
kJ: 1417, kcal: 338

- **1800 g Viktoriabarschfilet**
- **Salz**
- **frisch gemahlener Pfeffer**
- **Worcestersauce**
- **Zitronensaft**
- **3 Bund Kerbel**
- **3 Bund Petersilie**
- **3 Bund Dill**
- **600 g Kirschtomaten**
- **6 EL Pflanzenöl**
- **200 ml Gemüsebrühe oder Fischfond**
- **200 g Knoblauchbutter**

1 Barschfilets unter fließendem kalten Wasser abspülen und trockentupfen. Barschfilets in Streifen oder Würfel schneiden. Mit Salz, Pfeffer, Worcestersauce und Zitronensaft würzen.

2 Kerbel, Petersilie und Dill abspülen, trockentupfen und fein hacken. Kirschtomaten waschen, abtropfen lassen und die Stängelansätze herausschneiden.

3 Pflanzenöl in einer beschichteten Pfanne erhitzen. Barschfilets portionsweise von beiden Seiten kross darin anbraten. Barschfilets in einen großen Bräter legen. Kirschtomaten in dem Bratfett andünsten und mit in den Bräter geben. Kräuter darauf verteilen. Brühe oder Fischfond hinzugießen. Knoblauchbutter zerlassen und darüber träufeln.

4 Den Bräter auf dem Rost in den Backofen schieben.

Ober-/Unterhitze: etwa 200 °C (vorgeheizt)
Heißluft: etwa 180 °C (vorgeheizt)
Gas: Stufe 3–4 (vorgeheizt)
Garzeit: etwa 25 Min.

5 Das Fischgericht sofort servieren.

Beigabe:
Ofenwarmes Baguette und frische Salate.

Abwandlung:
Dazu kann eine **Tomatensauce** serviert werden: 1 Gemüsezwiebel abziehen und in Würfel schneiden, in 3 Esslöffeln Olivenöl andünsten. 2 Dosen (je 800 g) geschälte Tomaten und 2 Esslöffel Tomatenmark hinzufügen und unter Rühren 5–10 Minuten garen. Dabei die Tomaten zerkleinern. Mit Salz, Pfeffer und gerebeltem Oreganzo würzen und zum Fisch servieren.

Röllchen von Atlantikzungen „Kreolische Art“

Zubereitungszeit: 95 Min.
Garzeit: etwa 30 Min.

Pro Portion:
E: 31 g, F: 8 g, Kh: 4 g,
kJ: 966, kcal: 231

- **24 TK-Atlantikzungenfilets (je etwa 80 g)**
- **1 Staudensellerie (etwa 500 g)**
- **2 rote Paprikaschoten (je 200 g)**
- **1 Bund Frühlingszwiebeln (etwa 250 g)**
- **1 Glas grüne Oliven in Scheiben (Abtropfgewicht 170 g)**
- **4 EL Pflanzenöl**
- **1 Pck. (450 g) stückige Tomatensauce, z. B. Pomito**

- **800 ml Gemüsebrühe oder Fischfond**
- **Salz**
- **frisch gemahlener Pfeffer**
- **2 getrocknete oder 1 frische Chilischote**
- **Knoblauchpulver**

Außerdem:
- **24 kleine Holzstäbchen**

1 Atlantikzungenfilets evtl. längs halbieren, unter fließendem kalten Wasser abspülen und trockentupfen. Filets mit der Hautseite nach innen zu Röllchen drehen. Röllchen mit einem Holzstäbchen feststecken.

2 Den Staudensellerie putzen, die harten Außenfäden abziehen, Staudensellerie waschen und abtropfen lassen. Staudensellerie in etwa 1 cm lange Stücke schneiden. Paprikaschoten halbieren, entstielen, entkernen und die weißen Scheidewände entfernen. Schoten waschen, abtropfen lassen und grob würfeln. Frühlingszwiebeln putzen, waschen, abtropfen lassen und in 1–2 cm lange Stücke schneiden. Oliven in einem Sieb abtropfen lassen.

3 Pflanzenöl in einem großen Bräter erhitzen. Selleriestücke und Paprikawürfel darin andünsten. Zwiebelstückchen und Olivenscheiben dazugeben. Die Zutaten etwa 10 Minuten schmoren lassen. Tomatensauce und Brühe oder Fond hinzugießen. Mit Salz, Pfeffer, Knoblauch und Chili (frische Chili abspülen und trockentupfen) herzhaft würzen.

4 Zungenröllchen auf das Gemüse legen. Den Bräter auf dem Rost in den Backofen schieben.

Ober-/Unterhitze:
etwa 200 °C (vorgeheizt)
Heißluft: etwa 180 °C
(nicht vorgeheizt)
Gas: Stufe 3–4 (nicht vorgeheizt)
Garzeit: etwa 30 Min.

Beigabe:
Langkornreis oder Weißbrot.

Tipp:
Anstelle von Atlantikzungen können auch Schollen- oder Seezungenfilets verwendet werden.

Schollenfilets „Frühlingsart“

Zubereitungszeit: 110 Min.
Garzeit: etwa 15 Min.

Pro Portion:
E: 35 g, F: 27 g, Kh: 31 g, kJ: 2227, kcal: 532

- **24 Schollenfilets, je etwa 80 g**
- **Salz**
- **frisch gemahlener Pfeffer**
- **etwas Zitronensaft**
- **2 EL mittelscharfer Senf**
- **120 g feine Semmelbrösel**

- **1 kg Zuckerschoten**
- **600 g kleine weiße Champignons**
- **1 kg fest kochende Kartoffeln**
- **200 g Butter oder Margarine zum Braten**
- **400 ml Schlagsahne**
- **1 Bund Kerbel**

1 Schollenfilets unter fließendem kalten Wasser abspülen und trockentupfen. Schollenfilets salzen, pfeffern, mit Zitronensaft beträufeln und dünn mit Senf bestreichen. Schollenfilets mit Semmelbröseln bestreuen und die Semmelbrösel leicht andrücken.

2 Von den Zuckerschoten die Enden abschneiden, dabei die Fäden an den Längsseiten mit entfernen. Zuckerschoten waschen und abtropfen lassen. Champignons putzen, mit Küchenpapier abreiben, evtl. abspülen und halbieren. Kartoffeln schälen, waschen, abtropfen lassen und in kleine Stücke schneiden. Kartoffeln in kochendem Salzwasser zugedeckt etwa 5 Minuten kochen, anschließend in einem Sieb abtropfen lassen.

3 Etwa 60 g von der Butter oder Margarine in einem Bräter erhitzen, Zuckerschoten, Champignonhälften und Kartoffelstücke portionsweise darin andünsten, Sahne hinzugießen und etwa 10 Minuten kochen lassen. Kerbel abspülen, trockentupfen und fein hacken. Das Gemüse mit Salz, Pfeffer und Kerbel würzen.

4 Restliche Butter oder Margarine in einer beschichteten Pfanne erhitzen. Die Schollenfilets von beiden Seiten portionsweise darin anbraten. Schollenfilets auf das Gemüse legen. Den Bräter auf dem Rost in den Backofen schieben.

Ober-/Unterhitze:
etwa 180 °C (vorgeheizt)
Heißluft: etwa 160 °C (vorgeheizt)
Gas: Stufe 2–3 (vorgeheizt)
Garzeit: etwa 15 Min.

Beigabe:
Bunter Salat, z.B: Chicorée, Radicchio, Kopfsalat, Feldsalat.

 FÜR GÄSTE • ETWAS TEURER

Fleisch

Hier finden Sie die Fleischrezepte, um die Sie Ihre Gäste beneiden werden.

Schweinefilet im Zwiebelbett

Zubereitungszeit: 65 Min.
Garzeit: etwa 45 Min.

Pro Portion:
E: 42 g, F: 55 g, Kh: 17 g, kJ: 3137, kcal: 749

- **6 mittelgroße Zwiebeln**
- **4 EL Speiseöl**
- **1,5 kg Schweinefilet**
- **24 Scheiben roher Schinken**
- **6 EL mittelscharfer Senf**
- **frisch gemahlener Pfeffer**
- **750 ml (3/4 l) Schlagsahne**
- **250 ml (1/4 l) Fleischbrühe**
- **450 g Crème fraîche**
- **200 ml Milch**
- **4 Pck. Pfeffersauce mit grünem Pfeffer, z. B. von Knorr**
- **2 Pck. TK-8-Kräuter-Mischung**
- **Salz**

1 Zwiebeln abziehen, halbieren und in Spalten schneiden. Speiseöl in einer Pfanne erhitzen. Zwiebelspalten portionsweise in etwa 10 Minuten darin dünsten und in eine flache, große Auflaufform geben.

2 Schweinefilet unter fließendem kalten Wasser abspülen, trockentupfen und in 24 Medaillons (je etwa 65 g) schneiden.

3 Schinkenscheiben mit je etwas von dem Senf bestreichen und mit Pfeffer bestreuen. Jeweils ein Medaillon mit je einer Scheibe Schinken umwickeln und auf die Zwiebelspalten geben.

4 Sahne mit Brühe, Crème fraîche und Milch verrühren. Pfeffersauce unterrühren. Kräuter hinzugeben. Mit Salz und Pfeffer würzen. Die Sauce über die Medaillons gießen. Die Form auf dem Rost in den Backofen schieben.

Ober-/Unterhitze: etwa 180 °C (vorgeheizt)
Heißluft: etwa 160 °C (nicht vorgeheizt)
Gas: Stufe 2–3 (nicht vorgeheizt)
Garzeit: etwa 45 Min.

Schlemmerbraten in der Brotkruste, provenzalisch

Zubereitungszeit: 95 Min.
Garzeit: 30 Min.

Pro Portion:
E: 36 g, F: 13 g, Kh: 18 g,
kJ: 1505, kcal: 362

- **1,8 kg Lammkarree (etwa 6 Stück ohne Knochen)**
- **Salz**
- **4 EL Olivenöl**

- **100 g grüne Pfefferkörner in Lake**
- **100 g mittelscharfer Senf**
- **200 g Semmelbrösel**

Für das Gemüse:
- **je 1 rote, gelbe und grüne Paprikaschote (etwa 600 g)**
- **4 Zucchini (etwa 800 g)**
- **6–8 kleine Schalotten (etwa 300 g)**
- **400 g Cocktailtomaten**
- **1 Bund frischer Thymian**
- **4 EL Olivenöl**
- **frisch gemahlener Pfeffer**
- **Knoblauchpulver**
- **400 ml Gemüsebrühe oder -fond**

1 Lammkarrees unter fließendem kalten Wasser abspülen und trockentupfen. Mit Salz würzen. Öl in einer großen Pfanne erhitzen. Das Fleisch von allen Seiten darin kurz anbraten und etwas abkühlen lassen.

2 Die Lake von den Pfefferkörnern abgießen. Pfefferkörner mit einem Messer oder im Mörser fein zerdrücken. Das Fleisch mit Senf bestreichen und die zerdrückten Pfefferkörner darauf verteilen.

3 Semmelbrösel auf einem Backblech verteilen. Die Lammkarrees darin wälzen, so dass sie darin eingehüllt sind.

4 Für das Gemüse Paprikaschoten halbieren, entstielen, entkernen, die weißen Scheidewände entfernen. Schoten waschen, abtropfen lassen und in Würfel schneiden. Zucchini waschen, abtrocknen, die Enden abschneiden. Zucchini in große Würfel schneiden. Schalotten abziehen. Tomaten waschen, abtropfen lassen und die Stängelansätze herausschneiden. Thymian abspülen, trockentupfen, von den Stängeln zupfen und fein hacken.

5 Olivenöl in einem großen Bräter erhitzen, Paprika-, Zucchiniwürfel, Schalotten und Tomaten hinzugeben und darin andünsten. Mit Salz, Pfeffer, Knoblauch und Thymian würzen. Brühe oder Fond hinzugießen. Fleisch auf das Gemüse legen. Den Bräter auf dem Rost in den Backofen schieben.

Ober-/Unterhitze:
etwa 200 °C (vorgeheizt)
Heißluft: etwa 180 °C
(nicht vorgeheizt)
Gas: Stufe 3–4 (nicht vorgeheizt)
Garzeit: etwa 30 Min.

Beigabe:
Bratkartoffeln oder Ofenkartoffeln mit Kräuterquark.

Schinkenbraten „Hawaii"

Zubereitungszeit: 60 Min.
Garzeit: etwa 3 ½ Std.

Pro Portion:
E: 29 g, F: 18 g, Kh: 8 g,
kJ: 1393, kcal: 333

- **1,6 kg Schweinefleisch (2 Schinkenbraten aus der Oberschale)**
- **Salz**
- **frisch gemahlener Pfeffer**
- **4 EL Speiseöl**
- **1 Dose Ananasscheiben (Abtropfgewicht 510 g)**
- **200 ml Fleischbrühe**
- **3 Dosen Sauerkraut (Einwaage je 800 g)**
- **6 Gewürznelken**
- **2 Lorbeerblätter**

Beigabe:
Kartoffelpüree oder Bauernbrot.

1 Schweinefleisch unter fließendem kalten Wasser abspülen, trockentupfen und mit Salz und Pfeffer einreiben.

2 Speiseöl in einem großen Bräter erhitzen, die Schinkenbraten von allen Seiten darin anbraten (evtl. einzeln anbraten).

3 Ananasscheiben in einem Sieb abtropfen lassen, den Saft dabei auffangen. Ananasscheiben halbieren.

4 Jeden Schinkenbraten in gleichmäßigen Abständen (etwa 6 Einschnitte) mit einem scharfen Messer etwa 1 cm tief einschneiden. Ananashälften in die Einschnitte legen. Etwas von der Brühe hinzugießen.

5 Den Bräter auf dem Rost in den Backofen schieben.

Ober-/Unterhitze:
etwa 140 °C (vorgeheizt)
Heißluft: etwa 120 °C
(nicht vorgeheizt)
Gas: etwa Stufe 1 (nicht vorgeheizt)
Garzeit: etwa 3 ½ Std.

6 Sauerkraut mit einer Gabel etwas auseinander zupfen. Die restlichen Ananashälften in Würfel schneiden. Nach etwa 2 Stunden Garzeit Sauerkraut, Ananaswürfel, Ananassaft, Nelken und Lorbeerblätter mit in den Bräter zum Schinkenbraten geben.

7 Nach etwa 3 Stunden Garzeit **die Backofentemperatur auf Ober-/Unterhitze etwa 220 °C, Heißluft etwa 200 °C, Gas: Stufe 4–5** einstellen und den Schinkenbraten in **etwa 30 Minuten** fertig garen.

8 Den Schinkenbraten herausnehmen, auf eine Platte legen und etwa 10 Minuten zugedeckt ruhen lassen.

9 Sauerkraut mit Salz und Pfeffer abschmecken. Schinkenbraten in Scheiben schneiden und mit dem Sauerkraut servieren.

Tipp:
Falls kein großer Bräter vorhanden ist, können die Schinkenbraten auch in einer Fettfangschale zubereitet werden.

Nackensteaks auf dem Blech

Zubereitungszeit: 50 Minuten, ohne Durchziehzeit
Garzeit: etwa 90 Min.

Pro Portion:
E: 41 g, F: 69 g, Kh: 2 g, kJ: 3523, kcal: 841

- **12 Schweine-Nackensteaks (je etwa 180 g)**
- **Salz**
- **frisch gemahlener Pfeffer**
- **12 TL mittelscharfer Senf**
- **8 mittelgroße Zwiebeln**
- **24 Scheiben durchwachsener Speck**

Außerdem:
- **Alufolie**

1 Nackensteaks unter fließendem kalten Wasser abspülen, trockentupfen. Mit Salz und Pfeffer würzen. Nackensteaks auf ein Backblech legen und dick mit Senf bestreichen. Zugedeckt einige Stunden (am besten über Nacht) durchziehen lassen.

2 Zwiebeln abziehen und in dünne Ringe schneiden. Die Nackensteaks dick mit den Zwiebelringen belegen und mit den Speckscheiben bedecken. Das Backblech vollständig mit Alufolie zudecken.

3 Das Backblech in den Backofen schieben.

Ober-/Unterhitze:
etwa 200 °C (vorgeheizt)
Heißluft: etwa 180 °C (nicht vorgeheizt)
Gas: Stufe 3–4 (nicht vorgeheizt)
Garzeit: etwa 90 Min.

4 Das Backblech auf einen Rost stellen. Alufolie entfernen und die Nackensteaks sofort servieren.

Beigabe:
Kartoffelgratin oder Bratkartoffeln und ein gemischter, frischer Salat.

Kasselerbraten mit Möhrenkruste (Titelfoto)

Zubereitungszeit: 60 Min.
Garzeit: 1–1½ Std.

Pro Portion:
E: 49 g, F: 34 g, Kh: 13 g, kJ: 2501, kcal: 597

- **3 kg Kasselernacken ohne Knochen (2 Stück je 1,5 kg)**

- **1 kg Möhren**
- **4 große Kartoffeln**
- **Salz**
- **frisch gemahlener Pfeffer**
- **Zucker**
- **4 EL Semmelbrösel**
- **3–4 geh. EL Honigsenf**

- **600 g Schalotten**
- **250 ml (¼ l) Gemüsebrühe**

1 Kasselernacken unter fließendem kalten Wasser abspülen und trockentupfen.

2 Möhren putzen, schälen, waschen, abtropfen lassen und fein raspeln. Kartoffeln waschen, abtrocknen, schälen, abspülen und reiben.

3 Möhrenraspel und geriebene Kartoffeln mit Salz, Pfeffer und Zucker würzen. Semmelbrösel und Honigsenf unterrühren. Die Masse auf das Fleisch geben, andrücken

(Fortsetzung Seite 34)

und in einen großen Bräter oder in eine Fettfangschale legen. Den Bräter auf dem Rost oder die Fettfangschale in den Backofen schieben.

Ober-/Unterhitze:
etwa 200 °C (vorgeheizt)
Heißluft: etwa 180 °C (vorgeheizt)
Gas: Stufe 3–4 (vorgeheizt)
Garzeit: 1–1½ Std., je nach Größe.

4 Schalotten abziehen und evtl. halbieren. Nach etwa 30 Minuten Garzeit Schalottenhälften und Gemüsebrühe zum Braten geben. Den Braten zwischendurch mit dem Fleischsaft begießen.

Schweinelendchen in Käsesauce

Zubereitungszeit: 55 Min.
Garzeit: etwa 70 Min.

Pro Portion:
E: 34 g, F: 17 g, Kh: 8 g,
kJ: 1396, kcal: 333

- **1,5 kg Schweinefilet (Schweinelendchen)**
- **Salz**
- **frisch gemahlener Pfeffer**
- **3 Gläser Champignonscheiben (Abtropfgewicht je 360 g)**
- **3 Pck. Sauce Bernaise, z. B. von Thomy**
- **3 Becher (je 150 g) saure Sahne**
- **250 ml (¼ l) Schlagsahne**
- **250 ml (¼ l) Milch**

Zum Bestreuen:

- **150 g geriebener Käse, z. B. Gouda**

1 Schweinefilet unter fließendem kalten Wasser abspülen, trockentupfen und in etwa 4 cm lange Stücke schneiden. Filetstücke etwas flach drücken und mit Salz und Pfeffer bestreuen.

2 Filetstücke in eine Fettfangschale legen. Champignonscheiben in einem Sieb abtropfen lassen und auf dem Fleisch verteilen.

3 Sauce Bernaise mit saurer und süßer Sahne und Milch verrühren. Mit Salz und Pfeffer würzen. Die Sauce über die mit Champignonscheiben belegten Filetstücke gießen. Mit Käse bestreuen.

4 Die Fettfangschale in den Backofen schieben.

Ober-/Unterhitze:
etwa 180 °C (vorgeheizt)
Heißluft: etwa 160 °C (nicht vorgeheizt)
Gas: Stufe 2–3 (nicht vorgeheizt)
Garzeit: etwa 70 Min.

Tipp:
Das Gericht mit Zitronenthymianzweigen und Schnittlauchröllchen garnieren.

Beigabe:
Spätzle und ein frischer, bunter Salat.

Schweinerippchen, asiatisch

Zubereitungszeit: 85 Min.
Garzeit: etwa 45 Min.

Pro Portion:
E: 50 g, F: 48 g, Kh: 15 g,
kJ: 2955, kcal: 705

- **3 kg Schweinerippchen**
- **Salz**
- **frisch gemahlener Pfeffer**
- **100 ml Erdnuss- oder Pflanzenöl**
- **4 Bund Frühlingszwiebeln (je etwa 250 g)**
- **1 kg Sojabohnenkeimlinge**
- **50 g Zucker**
- **400 ml Fleischbrühe**
- **60 ml Sojasauce**
- **200 ml Sweet & Sour Sauce oder süße Chilisauce (Asia-Laden)**
- **2 EL Tomatenmark**

1 Schweinerippchen zerkleinern (Fingerfood-Größe, am besten vom Metzger zerkleinern lassen). Schweinerippchen unter fließendem kalten Wasser abspülen und trockentupfen. Mit Salz und Pfeffer würzen. Erdnuss- oder Pflanzenöl in einem großen Bräter erhitzen. Schweinrippchen in Portionen von allen Seiten kräftig darin anbraten.

2 Frühlingszwiebeln putzen, waschen, abtropfen lassen und in etwa 3 cm lange Stücke schneiden. Sojabohnenkeimlinge putzen, waschen und abtropfen lassen. Zwiebelstücke und Sojabohnenkeimlinge zu den Schweinerippchen geben, mit Zucker bestreuen und karamellisieren lassen. Brühe, Sojasauce und Sweet & Sour-Sauce hinzugießen.

3 Den Bräter auf dem Rost in den Backofen schieben.

Ober-/Unterhitze:
etwa 180 °C (vorgeheizt)
Heißluft: etwa 160 °C
(nicht vorgeheizt)
Gas: Stufe 2–3 (nicht vorgeheizt)
Garzeit: etwa 45 Min.

4 Die Schweinerippchen mit Tomatenmark verfeinern.

Beigabe:
Gebackenes Krabbenbrot und gekochter Reis.

Abwandlung:
Sie können auch folgende Sauce zubereiten und die Schweinerippchen darin marinieren: 350 ml Ahornsirup mit je 3 Esslöffeln braunem Zucker, Tomatenketchup, Apfelessig und Sojasauce verrühren, zum Kochen bringen. Die Sauce über die Rippchen geben und 2–3 Stunden darin marinieren. Die Rippchen auf dem Grillrost etwa 15–20 Minuten grillen.

Tipp:
Die Rippchen nach dem Anbraten in eine Fettfangschale geben und das Gericht darin weiter zubereiten.

Gefüllter Schweinerücken

Zubereitungszeit: 70 Min.
Garzeit: 90–100 Min.

Pro Portion:
E: 41 g, F: 45 g, Kh: 15 g,
kJ: 2812, kcal: 672

- **1,8 kg Schweinerücken (ohne Knochen, evtl. 2 Stücke)**

- **je 1 rote, gelbe und grüne Paprikaschote (etwa 600 g)**
- **600 g Wurstbrät, roh (beim Metzger vorbestellen)**
- **Salz**
- **frisch gemahlener Pfeffer**
- **100 ml Pflanzenöl**
- **etwas Wasser**

- **300 g Perlzwiebeln**
- **800 g fest kochende Kartoffeln**
- **6 Möhren (etwa 400 g)**
- **800 ml Fleischbrühe oder -fond**

Außerdem:

- **Küchengarn zum Binden**

Beigabe:
Bauernbrot oder Fladenbrot. Der Schweinerücken kann auch mit Reis serviert werden. Dazu 600 g Langkornreis in 1800 ml Gemüsebrühe etwa 20 Minuten garen.

1 Den Schweinerücken unter fließendem kalten Wasser abspülen, trockentupfen. Schweinerücken mit einem scharfen Messer längs aufschneiden, so dass eine große Tasche entsteht.

2 Paprikaschoten halbieren, entstielen, entkernen, die weißen Scheidewände entfernen. Schoten waschen und in kleine Würfel schneiden.Wurstbrät und Paprikawürfel vermengen.

3 Den Schweinerücken mit der Wurstbrät-Paprika-Masse füllen. Mit Salz und Pfeffer würzen. Anschließend mit Küchengarn zusammenbinden.

4 Pflanzenöl in einem großen Bräter erhitzen. Den gefüllten Schweinerücken von allen Seiten darin anbraten. Den Bräter auf dem Rost in den Backofen schieben.

Ober-/Unterhitze: etwa 200 °C (vorgeheizt)
Heißluft: etwa 180 °C (nicht vorgeheizt)
Gas: Stufe 3–4 (nicht vorgeheizt)
Garzeit: 90–100 Min.

5 Nach etwa 15 Minuten Garzeit den Schweinerücken mit etwas Wasser ablöschen und mit dem entstandenen Fond den Schweinerücken etwa alle 10 Minuten begießen.

6 Perlzwiebeln abziehen, Kartoffeln schälen, waschen, abtropfen lassen und in große Würfel schneiden. Möhren putzen, schälen, waschen, abtropfen lassen und in Scheiben schneiden.

7 Perlzwiebeln, Kartoffelwürfel und Möhrenscheiben nach etwa 50 Minuten Garzeit zum Schweinerücken geben und mitschmoren lassen. Brühe oder Fond nach und nach hinzugießen.

8 Den gegarten Schweinerücken herausnehmen, 10 Minuten zugedeckt ruhen lassen und das Küchengarn entfernen. Schweinerücken in Scheiben schneiden.

Tipp:
Der Schweinerücken kann auch in einer Fettfangschale zubereitet werden.

Schweinelendchen in Kräuter-Käse-Sauce

Zubereitungszeit: 40 Min., ohne Marinierzeit
Garzeit: etwa 45 Min.

Pro Portion:
E: 29 g, F: 27 g, Kh: 5 g, kJ: 1698, kcal: 406

- **4 Schweinefilets (Schweinelendchen – je 350 g)**
- **4 schwach gehäufte EL Grillgewürz**
- **5 EL Speiseöl**
- **3 Gläser Champignonscheiben (Abtropfgewicht je 315 g)**

Für die Kräuter-Käse-Sauce:

- **400 ml Schlagsahne**
- **200 ml Milch**
- **1 Pck. (200 g) Kräuter-Schmelzkäse**
- **etwas Worcestersauce**
- **1 EL Dijon-Senf**
- **frisch gemahlener Pfeffer**
- **1 gestr. TL Currypulver**
- **2 EL Weizenmehl**
- **2 EL gemischte Kräuter, z. B. Schnittlauch, Petersilie**

1 Schweinelendchen unter fließendem kalten Wasser abspülen und trockentupfen, evtl. Fett und Sehnen entfernen. Lendchen dick mit Grillgewürz einreiben, in eine flache Schale legen und zugedeckt über Nacht durchziehen lassen.

2 Speiseöl in einer großen Pfanne erhitzen. Die Lendchen von allen Seiten darin anbraten, herausnehmen und 10 Minuten zugedeckt ruhen lassen.

3 Lendchen in etwa 3 cm dicke Scheiben schneiden und in eine große Auflaufform oder Fettfangschale legen.

4 Champignonscheiben in einem Sieb abtropfen lassen und Champignons auf den Lendchen verteilen.

Beigabe:
Spätzle, grüne Bandnudeln und ein gemischter, frischer Salat.

5 Für die Sauce den Bratensaft mit Sahne und Milch verrühren. Schmelzkäse unterrühren. Mit Worcestersauce, Senf, Pfeffer und Curry würzen. Die Sauce unter Rühren zum Kochen bringen.

6 Mehl mit etwas Wasser anrühren, in die Sauce geben und unter Rühren nochmals aufkochen lassen. Kräuter unterrühren.

7 Die Sauce über die Lendchen gießen. Die Form auf dem Rost oder die Fettfangschale in den Backofen schieben.

Ober-/Unterhitze:
etwa 160 °C (vorgeheizt)
Heißluft: etwa 140 °C
(nicht vorgeheizt)
Gas: Stufe 1–2 (nicht vorgeheizt)
Garzeit: etwa 45 Min.

Abwandlung:
Dieses Gericht kann auch mit der gleichen Menge Hähnchenbrustfilet zubereitet werden. Zusätzlich können noch 1–2 Bund gewaschene, abgetropfte und in Scheiben geschnittene Frühlingszwiebeln mit in die Sauce gegeben werden.

Schmorkoteletts vom Schwein mit Gemüse

Zubereitungszeit : 110 Min., ohne Marinierzeit
Garzeit: etwa 50 Min.

Pro Portion:
E: 44 g, F: 45 g, Kh: 8 g, kJ: 2724, kcal: 651

- **24 Schweinelummerkoteletts ohne Knochen (je etwa 100 g)**
- **frisch gemahlener Pfeffer**
- **100 ml Sojasauce**

- **6 EL Speiseöl**
- **750 ml (3/4 l) Fleischbrühe**
- **1 kg Steckrüben**
- **1 kg Rosenkohl**
- **300 g Pfifferlinge**
- **Salz**
- **250 ml (1/4 l) Schlagsahne**

Abwandlung:
Statt Steckrüben können auch Kohlrabiwürfel verwendet werden. Als Beilage passen dazu 1,5 kg in Öl oder Schweineschmalz gebratene Röstkartoffeln.

1 Schweinekoteletts unter fließendem kalten Wasser abspülen, trockentupfen und in eine große Schale legen, mit Pfeffer bestreuen und mit Sojasauce bestreichen. Koteletts etwa 25 Minuten darin marinieren, dabei ab und zu wenden.

2 Etwas von dem Speiseöl in einer großen Pfanne erhitzen. Die Koteletts portionsweise von beiden Seiten kurz darin anbraten.

3 Schweinekoteletts in einen großen Bräter oder 2 Fettfangschalen geben und mit dem restlichen Speiseöl bestreichen. Etwas Brühe hinzugießen. Den Bräter auf dem Rost oder die Fettfangschalen nacheinander (bei Heißluft zusammen) in den Backofen schieben.

Ober-/Unterhitze:
etwa 200 °C (vorgeheizt)
Heißluft: etwa 180 °C (vorgeheizt)
Gas: Stufe 3–4 (vorgeheizt)
Garzeit: etwa 25 Min.

4 Steckrüben putzen, schälen, waschen, abtrocknen und in Würfel schneiden. Rosenkohl von den schlechten Blättchen befreien, etwas vom Strunk abschneiden, evtl. halbieren. Pfifferlinge putzen, mit Küchenpapier abreiben, evtl. abspülen und trockentupfen.

5 Steckrübenwürfel und Rosenkohl in kochendem Salzwasser 10–15 Minuten kochen, dann in einem Sieb abtropfen lassen.

6 Steckrübenwürfel, Rosenkohl, Pfifferlinge, restliche Brühe und Sahne und zu den Fleischscheiben geben, mit Salz und Pfeffer würzen und **bei gleicher Backofeneinstellung in etwa 25 Minuten** fertig garen.

Tipp:
Sie können die Fettfangschalen auch zusammen bei Ober-/Unterhitze in den Backofen schieben, dann eine Fettfangschale in die obere Einschubleiste, die andere in die untere Einschubleiste schieben. Die Fettfangschalen nach der Hälfte der Garzeit wechseln (die obere Fettfangschale in die untere, die untere in die obere Einschubleiste).

Jägerbällchen
(Panierte Hackfleischbällchen „Jäger Art“)

Zubereitungszeit: 90 Min.
Garzeit: etwa 30 Min.

Pro Portion:
E: 37 g, F: 55 g, Kh: 21 g,
kJ: 3266, kcal: 779

Für die Hackfleischbällchen:

- **6 Scheiben Toastbrot (120 g)**
- **300 ml Milch**
- **2 Gemüsezwiebeln (etwa 400 g)**
- **200 ml Pflanzenöl**
- **1,5 kg gemischtes Hackfleisch (halb Rind-/halb Schweinefleisch)**
- **3 Eier**
- **Salz**
- **frisch gemahlener Pfeffer**
- **120 g Semmelbrösel**

- **500 g kleine Champignons**
- **500 g Austernpilze**
- **2 Pck. (je 450 g) Tomatensauce (Fertigprodukt)**
- **Knoblauchpulver**

- **2 Pck. TK-Kräuter der Provence**
- **200 g geriebener Parmesan-Käse**

1 Für die Hackfleischbällchen Toastbrot grob zerkleinern, in eine flache Schale geben, mit Milch übergießen und einweichen lassen.

2 Gemüsezwiebeln abziehen und in Würfel schneiden. Ewas von dem Pflanzenöl in einer Pfanne erhitzen. Zwiebelwürfel darin glasig dünsten, etwas abkühlen lassen.

3 Hackfleisch in eine Schüssel geben. Die eingeweichten, ausgedrückten Toastbrotstücke, Eier und Zwiebelwürfel hinzugeben und miteinander vermengen. Mit Salz und Pfeffer würzen.

4 Aus der Hackfleischmasse 24 kleine, flache Bällchen formen, diese in Semmelbröseln wälzen. Jeweils etwas von dem Pflanzenöl in einer großen Pfanne erhitzen. Die Hackfleischbällchen portionsweise von allen Seiten darin anbraten.

5 Champignons und Austernpilze putzen, mit Küchenpapier abreiben, evtl. abspülen, abtropfen lassen und grob zerkleinern.

6 Restliches Pflanzenöl in einem großen Bräter erhitzen. Champignons und Austernpilze darin etwa 10 Minuten andünsten. Tomatensauce hinzugießen. Mit Salz, Pfeffer und Knoblauchpulver würzen. Hackfleischbällchen darauf legen. Den Bräter auf dem Rost in den Backofen schieben.

Ober-/Unterhitze:
etwa 200 °C (vorgeheizt)
Heißluft: etwa 180 °C (vorgeheizt)
Gas: Stufe 3–4 (vorgeheizt)
Garzeit: etwa 30 Min.

7 Kräuter der Provence zu den Pilzen geben. Vor dem Servieren mit Parmesan-Käse bestreuen.

Beigabe:
Ofenwarmes Baguette.

Hackfleisch-Gemüse-Pfanne

Zubereitungszeit:
etwa 120 Min.
Garzeit: 50–60 Min.

Pro Portion:
E: 28 g, F: 36 g, Kh: 8 g,
kJ: 2070, kcal: 494

Zum Vorbereiten:

- **1 kg Wirsing**
- **800 g Steckrüben (1 Stück)**
- **500 g Möhren (etwa 5 Stück)**
- **2 Bund (etwa 500 g) Frühlingszwiebeln**
- **1 Bund glatte Petersilie oder 1 Pck. TK-Petersilie**

- **1,4 kg Hackfleisch, halb Rind-/halb Schweinefleisch**
- **3 Eier**
- **Salz**
- **frisch gemahlener Pfeffer**
- **6 EL Pflanzenöl**
- **800 ml Gemüsebrühe oder -fond**

1 Von dem Wirsing die groben äußeren Blatter lösen. Den Wirsing vierteln, den Strunk herausschneiden. Wirsing würfeln, waschen und abtropfen lassen. Steckrübe schälen, vierteln, in Würfel schneiden, waschen und abtropfen lassen. Möhren putzen, schälen, waschen, abtropfen lassen und in Scheiben schneiden. Frühlingszwiebeln putzen, waschen, abtropfen lassen und in etwa 2 cm lange Stücke schneiden.

2 Steckrübenwürfel in kochendem Salzwasser etwa 5 Minuten blanchieren, mit kaltem Wasser übergießen und abtropfen lassen.

3 Petersilie abspülen, trockentupfen und fein hacken. Hackfleisch mit den Eiern verkneten, mit Salz und Pfeffer würzen und zu 60–70 Bällchen formen.

4 Pflanzenöl in einem Bräter erhitzen. Hackfleischbällchen portionsweise darin anbraten. Das vorbereitete Gemüse hineingeben und darin anschwitzen. Gemüsebrühe oder -fond hinzugießen. Petersilie unterrühren. Mit Salz und Pfeffer würzen. Die Masse zugedeckt etwa 10 Minuten auf der Kochstelle kochen lassen. Dann den Bräter auf dem Rost in den Backofen schieben.

Ober-/Unterhitze:
etwa 220 °C (vorgeheizt)
Heißluft: etwa 200 °C
(nicht vorgeheizt)
Gas: Stufe 4–5 (nicht vorgeheizt)
Garzeit: 50–60 Min.

5 Die Hackfleisch-Gemüse-Pfanne sofort servieren.

Tipp:
Zusätzlich können kleine Kartoffelwürfel mitgeschmort werden. Wer es lieber gebunden mag, kann nach Belieben Püree-Pulver in die Flüssigkeit rühren. Die Hackfleisch-Gemüse-Pfanne kann sehr gut einen Tag vor dem Verzehr zubereitet werden. Kühl aufbewahren und etwa 1 Stunde vor dem Verzehr garen.
Statt Steckrüben können auch Kohlrabi verwendet werden. Servieren Sie die Hackfleischpfanne mit kleinen, gebratenen Kartoffeln. Die Hackfleisch-Gemüse-Pfanne kann auch in einer Fettfangschale (30 x 40 cm) zubereitet werden.

Lammhackfleisch-Kuchen

Zubereitungszeit: 55 Min., ohne Ruhezeit
Garzeit: etwa 90 Min.

Pro Portion:
E: 28 g, F: 47 g, Kh: 51 g, kJ: 3336, kcal: 798

Für den Knetteig:
- **750 g Weizenmehl**
- **275 g Schmalz oder Butter**
- **20 g Salz**
- **250 ml (1/4 l) lauwarmes Wasser**
- **1 Ei (Größe M)**
- **etwas Essig**

Zum Bestreuen:
- **Semmelbrösel**

Für die Füllung:
- **1 kg Lamm-Gehacktes**
- **1 eingeweichtes, ausgedrücktes Brötchen**
- **2 Eier**
- **Salz**
- **frisch gemahlener Pfeffer**
- **Oregano**
- **1 kleine Gemüsezwiebel**
- **3 Knoblauchzehen**
- **1 Bund glatte Petersilie**
- **200 g Feta- oder Schafkäse**

Zum Bestreichen:
- **1 Eigelb**
- **1 EL Milch**

Für das Tsatsiki:
- **500 g Naturjoghurt**
- **Salz**
- **frisch gemahlener Pfeffer**
- **4 Knoblauchzehen**
- **1 kleine Salatgurke**

1 Für den Teig Mehl in eine Rührschüssel sieben. Schmalz oder Butter, Salz, Wasser, Ei und Essig hinzufügen. Die Zutaten mit Handrührgerät mit Knethaken zunächst kurz auf niedrigster, dann auf höchster Stufe gut durcharbeiten.

2 Anschließend auf einer bemehlten Arbeitsfläche zu einem glatten Teig verkneten. Den Teig in Folie gewickelt etwa 30 Minuten ruhen lassen.

3 Den Teig auf der bemehlten Arbeitsfläche zu einem Rechteck (etwa 30 x 45 cm) ausrollen, eine Brotback- oder große Kastenform (35 x 15 cm, gefettet) damit auslegen. Die überstehenden Teigränder überlappen lassen. Den Teigboden mit Semmelbröseln bestreuen.

4 Für die Füllung Gehacktes in eine Schüssel geben. Brötchen, Eier, Salz, Pfeffer und Oregano hinzufügen und gut verkneten. Gemüsezwiebel und Knoblauch abziehen, fein würfeln und untermischen.

5 Petersilie abspülen, trockentupfen und fein hacken. Käse in Würfel schneiden. Petersilie und Käsewürfel unter die Fleischmasse heben, mit den Gewürzen nochmals abschmecken.

6 Die Fleischmasse in die Form geben. Den überstehenden Teig gerade schneiden und die Fleischmasse damit bedecken.

7 Zum Bestreichen Eigelb und Milch verschlagen. Den Teig damit bestreichen. Die Form auf dem Rost in den Backofen schieben.

Ober-/Unterhitze: etwa 200 °C (vorgeheizt)
Heißluft: etwa 180 °C (nicht vorgeheizt)
Gas: Stufe 3–4 (nicht vorgeheizt)
Garzeit: etwa 90 Min.

8 Für das Tsatsiki Joghurt in ein mit Küchenpapier ausgelegtes Sieb geben und abtropfen lassen. Joghurt mit Salz und Pfeffer würzen. Knoblauch abziehen, durch eine Knoblauchpresse drücken und mit dem Joghurt verrühren.

9 Gurke waschen, längs halbieren, die Kerne mit einem kleinen Löffel herauskratzen. Gurke raspeln und mit dem Joghurt ver-

(Fortsetzung Seite 50)

mengen. Nochmals mit Salz und Pfeffer abschmecken.

10 Den Kuchen etwa 10 Minuten in der Form stehen lassen. Die Flüssigkeit mit Küchenpapier abtupfen. Pastete auf eine Platte stürzen.

11 Den Kuchen mit Tsatsiki servieren.

Lammcurry mit Joghurt und Gurken

Zubereitungszeit: 90 Min.
Garzeit: etwa 90 Min.

Pro Portion:
E: 33 g, F: 29 g, Kh: 17 g, kJ: 2063, kcal: 492

- **1,8 kg Lammfleisch aus der Keule (ohne Knochen)**
- **3 Gemüsezwiebeln**
- **8 EL Speiseöl**
- **Salz**
- **frisch gemahlener Pfeffer**
- **Currypaste (Asia Shop)**
- **500 ml (½ l) Lammfond oder -brühe**
- **3 Schmorgurken (je etwa 800 g)**
- **½ Bund frische Minze**
- **1 Glas Mango-Chutney (etwa 360 g)**
- **600 g Naturjoghurt**

1 Lammfleisch unter fließendem kalten Wasser abspülen, trockentupfen und in Würfel schneiden. Gemüsezwiebeln abziehen, halbieren und in Scheiben schneiden.

2 Speiseöl in einer großen Pfanne erhitzen. Lammfleischwürfel und Zwiebelscheiben portionsweise darin anbraten. Mit Salz und Pfeffer würzen. Currypaste unterrühren. Lammfond oder -brühe hinzugießen.

3 Die Zutaten in einen großen Bräter geben und zugedeckt auf dem Rost in den Backofen schieben.

Ober-/Unterhitze:
etwa 180 °C (vorgeheizt)
Heißluft: etwa 160 °C
(nicht vorgeheizt)
Gas: Stufe 2–3 (nicht vorgeheizt)
Garzeit: etwa 90 Min.

4 Die Gurken schälen, längs halbieren, Kerne mit einem kleinen Löffel herauskratzen. Gurkenhälften in Würfel schneiden. Gurkenwürfel nach etwa 70 Minuten Garzeit zu den Lammwürfeln geben und fertig garen.

5 Minze abspülen, trockentupfen (etwas Minze zum Garnieren beiseite legen), die Blättchen von den Stängeln zupfen.

6 Den Bräter auf eine Herdplatte stellen. Mango-Chutney, Joghurt und Minze in den Bräter geben. Lammcurry unter Rühren erhitzen und evtl. nochmals mit Salz und Pfeffer würzen.

7 Vor dem Servieren mit der beiseite gelegten Minze garnieren.

Beigabe:
Reis oder Fladenbrot.

Tipp:
Currypaste kann auch durch 2 Esslöffel Currypulver ersetzt werden.

Lammhackbraten mit Tsatsiki

Zubereitungszeit: 55 Min.
Garzeit: etwa 90 Min.

Pro Portion:
E: 33 g, F: 50 g, Kh: 8 g,
kJ: 2819, kcal: 675

- **6 Scheiben Toastbrot (120 g)**
- **300 ml Milch**
- **1 Gemüsezwiebel (etwa 250 g)**
- **3 EL Pflanzenöl**
- **1800 g Lamm-Hackfleisch**
- **4 Eier**
- **Salz**
- **frisch gemahlener Pfeffer**
- **Gyros-Gewürzmischung**
- **300 g Schafkäse, z. B. Feta-Käse**
- **2 EL Pflanzenöl**

1 Toastbrot in eine flache Schale geben und mit der Milch übergießen, einweichen lassen. Gemüsezwiebel abziehen und in kleine Würfel schneiden.

2 Pflanzenöl in einer Pfanne zerlassen. Zwiebelwürfel darin glasig dünsten, etwas abkühlen lassen.

3 Hackfleisch in eine Schüssel geben. Eingeweichte, ausgedrückte Toastbrotscheiben, Zwiebelwürfel und Eier hinzugeben, miteinander vermengen. Mit Salz, Pfeffer und Gyros-Gewürzmischung kräftig würzen.

4 Schafkäse in kleine Würfel schneiden. Die Hackfleischmasse mit nassen Händen zu einem Braten formen, dabei eine längliche Vertiefung einarbeiten. Die Käsewürfel in die Vertiefung legen und mit der Hackfleischmasse wieder verschließen. Der Hackbraten soll eine glatte Oberfläche haben, damit er während des Bratprozesses nicht aufplatzt.

5 Pflanzenöl in einem Bräter erhitzen. Den Hackbraten hineinlegen. Den Bräter auf dem Rost in den Backofen schieben.

Ober-/Unterhitze:
etwa 180 °C (vorgeheizt)
Heißluft: etwa 160 °C
(nicht vorgeheizt)
Gas: Stufe 2–3 (nicht vorgeheizt)
Garzeit: etwa 90 Min.

6 Den Hackbraten zwischendurch mit dem Bratensatz begießen, evtl. etwas Wasser hinzugießen.

Beigabe:
Fladenbrot und Kräuterquark, der mit Knoblauch, Salz und Pfeffer gewürzt wird oder Tsatsiki (Rezept Seite 48).

Tipp:
Den Braten heiß oder kalt servieren.

Türkisches Würzfleisch

Zubereitungszeit: 100 Min.
Garzeit: etwa 120 Min.

Pro Portion:
E: 43 g, F: 36 g, Kh: 25 g,
kJ: 2623, kcal: 633

- **2,4 kg Lammkeule (in Scheiben je 200 g mit Knochen, beim Metzger sägen lassen)**
- **5 Gemüsezwiebeln**
- **1,5 kg mittelgroße Kartoffeln**
- **10 EL Olivenöl**
- **3 EL Tomatenmark**
- **Salz**
- **frisch gemahlener Pfeffer**
- **400 ml Lammfond**
- **250 ml (1/4 l) Fleischbrühe**

1 Lammscheiben unter fließendem kalten Wasser abspülen und trockentupfen. Gemüsezwiebeln abziehen, halbieren und in Scheiben schneiden. Kartoffeln waschen, schälen, abspülen, abtrocknen und in längliche Viertel schneiden.

2 Etwas Olivenöl in einer großen Pfanne erhitzen, die Lammscheiben portionsweise von beiden Seiten darin anbraten, mit Salz und Pfeffer würzen und in einen großen Bräter oder in 2 Fettfangschalen legen.

3 Restliches Olivenöl in der Pfanne erhitzen. Zwiebelscheiben portionsweise darin andünsten. Tomatenmark unterrühren. Die Zwiebelmasse und Kartoffelviertel auf den Lammscheiben verteilen. Lammfond und Brühe hinzugießen.

4 Den Bräter zugedeckt auf dem Rost oder die Fettfangschalen (mit Alufolie zugedeckt) nacheinander (bei Heißluft zusammen) in den Backofen schieben.

Ober-/Unterhitze:
etwa 180 °C (vorgeheizt)
Heißluft: etwa 160 °C (nicht vorgeheizt)
Gas: Stufe 2–3 (nicht vorgeheizt)
Garzeit: etwa 120 Min.

Tipp:
Sie können die Fettfangschalen auch zusammen bei Ober-/Unterhitze in den Backofen schieben, dann eine Fettfangschale in die obere Einschubleiste, die andere in die untere Einschubleiste schieben. Die Fettfangschalen nach der Hälfte der Garzeit wechseln (die obere Fettfangschale in die untere, die untere in die obere Einschubleiste).

Falsches Filet in dunkler Biersauce „Belgische Art“

Zubereitungszeit: 65 Min.
Garzeit: etwa 150 Min.

Pro Portion:
E: 37 g, F: 9 g, Kh: 22 g,
kJ: 1374, kcal: 328

- **1,8 kg Falsches Filet (Rinderrolle von der Unterschale)**
- **Salz**
- **frisch gemahlener Pfeffer**
- **2 EL mittelscharfer Senf**
- **4 EL Pflanzenöl**
- **500 ml (½ l) Malzbier**
- **400 ml Rinderbrühe**
- **5 Möhren (etwa 500 g)**
- **1 Knollensellerie (etwa 500 g)**
- **1 kg fest kochende Kartoffeln**
- **4 Bund Frühlingszwiebeln (etwa 500 g, nur das Weiße verwenden)**
- **2 EL Tomatenmark**

Beigabe:
Hierzu passen ein kräftiges Bauernbrot, Semmelklöße oder Serviettenknödel.

1 Das Fleisch unter fließendem kalten Wasser abspülen und trockentupfen. Mit Salz und Pfeffer würzen. Fleisch von allen Seiten mit Senf bestreichen.

2 Pflanzenöl in einem großen Bräter erhitzen, das Fleisch von allen Seiten darin gut anbraten. Etwas Bier und etwas von der Brühe hinzugießen. Den Bräter auf dem Rost in den Backofen schieben.

Ober-/Unterhitze:
etwa 180 °C (nicht vorgeheizt)
Heißluft: etwa 160 °C
(nicht vorgeheizt)
Gas: Stufe 2–3 (nicht vorgeheizt)
Garzeit: etwa 150 Min.

3 Das Fleisch zwischendurch mit der Bratflüssigkeit begießen. Restliches Bier und Brühe nach und nach hinzugießen.

4 Möhren und Knollensellerie putzen, schälen, waschen, abtropfen lassen. Kartoffeln gründlich waschen, schälen, abspülen und abtropfen lassen. Möhren, Knollensellerie und Kartoffeln in Würfel schneiden. Frühlingszwiebeln putzen, waschen, abtropfen lassen, nur das Weiße verwenden und in feine Ringe schneiden. Möhren-, Sellerie-, Kartoffelwürfel und Zwiebelringe nach etwa 50 Minuten zur Rinderrolle geben. Tomatenmark hinzufügen. Mit Salz und Pfeffer würzen. Gemüse ab und zu umrühren.

5 Der Garpunkt des Fleisches ist erreicht, wenn es von einer eingestochenen Fleischgabel selbstständig und leicht abrutscht.

Kaninchen mit Oliven und Tomaten

Zubereitungszeit: 1 1/4 Std.
Garzeit: etwa 60 Min.

Pro Portion:
E: 54 g, F: 27 g, Kh: 4 g, kJ: 2390, kcal: 569

- **1 küchenfertiges Kaninchen (etwa 2 kg)**
- **4 Kaninchenschenkel (je etwa 250 g)**
- **Salz**
- **frisch gemahlener Pfeffer**
- **2 EL Weizenmehl**
- **8 EL Olivenöl**
- **8 Knoblauchzehen**
- **einige Rosmarinzweige**
- **1 l Weißwein**
- **1 Bund Frühlingszwiebeln**
- **400 g Cocktailtomaten**
- **je etwa 25 g entsteinte schwarze und grüne Oliven**

1 Kaninchen in etwa 8 Stücke teilen. Kaninchenstücke und -schenkel enthäuten, unter fließendem kalten Wasser abspülen und trockentupfen. Kaninchenstücke und -schenkel mit Salz und Pfeffer würzen und mit Mehl bestäuben.

2 Olivenöl in einem großen Bräter erhitzen. Die Kaninchenteile portionsweise von allen Seiten darin anbraten.

3 Knoblauch abziehen und fein hacken. Rosmarinzweige abspülen und trockentupfen. Knoblauch und Rosmarin zu den Kaninchenteilen geben. Weißwein hinzugießen. Den Bräter auf dem Rost in den Backofen schieben.

Ober-/Unterhitze: etwa 200 °C (vorgeheizt)
Heißluft: etwa 180 °C (vorgeheizt)
Gas: Stufe 3–4 (vorgeheizt)
Garzeit: etwa 60 Min.

4 Frühlingszwiebeln putzen, waschen, abtropfen lassen und in etwa 5 cm lange Stücke schneiden. Tomaten waschen und abtrocknen.

5 Nach etwa 45 Minuten Garzeit Frühlingszwiebelstücke, Tomaten und Oliven zu den Kaninchenteilen geben und fertig garen.

6 Die Kaninchenpfanne vor dem Servieren umrühren und nochmals mit Salz und Pfeffer würzen.

Beigabe:
Kleine, frische Rosmarinkartoffeln, gebraten.

Abwandlung:
Statt der Cocktailtomaten können 1 kg in Scheiben geschnittene Gemüsezwiebeln mitgeschmort werden.
Gut schmeckt das Gericht auch mit Hähnchenschenkeln. Man rechnet 1 Hähnchenschenkel pro Person.

Gefüllter Putenrollbraten

Zubereitungszeit: 55 Min., ohne Durchziehzeit
Garzeit: 75–90 Min.

Pro Portion:
E: 45 g, F: 26 g, Kh: 13 g, kJ: 2099, kcal: 502

Zum Vorbereiten:
- **200 g getrocknete Pflaumen, ohne Stein**
- **6 EL Sherry**

Für den Rollbraten:
- **2 Putenbrustfilets (je 800 g)**
- **Salz**
- **frisch gemahlener Pfeffer**
- **2 EL mittelscharfer Senf**
- **600 g Thüringer Mett**
- **5 EL Speiseöl**
- **200 ml Hühnerbrühe**
- **250 ml (1/4 l) Schlagsahne**

1 Zum Vorbereiten Pflaumen mit Sherry übergießen und etwa 1 Stunde durchziehen lassen.

2 Putenbrustfilets an den dickeren Stellen so einschneiden, dass ein flaches Filetstück entsteht (evtl. beim Metzger vorbereiten lassen) und flach drücken. Putenbrustfilets unter fließendem kalten Wasser abspülen und trockentupfen. Mit Salz und Pfeffer bestreuen, mit Senf bestreichen.

3 Mett mit den Pflaumen vermischen und auf den Filets verteilen. Die Filets jeweils von der kürzeren Seite her aufrollen und mit Küchengarn umwickeln oder feststecken.

4 Speiseöl in einem Bräter erhitzen. Die Rollbraten von allen Seiten gut darin anbraten. Hühnerbrühe und Sahne hinzugießen.

5 Den Bräter (ohne Deckel) auf dem Rost in den Backofen schieben.

Ober-/Unterhitze: etwa 200 °C (vorgeheizt)
Heißluft: etwa 180 °C (nicht vorgeheizt)
Gas: Stufe 3–4 (nicht vorgeheizt)
Garzeit: 75–90 Min.

6 Die Rollbraten auf eine vorgewärmte Platte legen. Rollbraten mit Folie zugedeckt etwa 10 Minuten ruhen lassen.

7 Den Bräter auf eine Kochstelle stellen. Den Bratensatz etwas einkochen lassen, nochmals mit Salz und Pfeffer würzen oder den Bratensatz mit etwas Weizenmehl oder Saucenbinder andicken.

8 Den Rollbraten in Scheiben schneiden und mit der Sauce servieren.

Abwandlung:
Statt der Putenbrustfilets können auch 5–6 Schweinefilets (je 300 g) aufgeschnitten und gefüllt werden. Die Garzeit beträgt dann etwa 45 Minuten.

Sommerliche Rouladen

Zubereitungszeit: 60 Min.
Garzeit: etwa 80 Min.

Pro Portion:
E: 55 g, F: 6 g, Kh: 28 g,
kJ: 1709, kcal: 408

- **12 große Putenschnitzel (je etwa 160 g)**
- **Salz**
- **frisch gemahlener Pfeffer**
- **1,2 kg Blattspinat**
- **2 EL Kräuterbutter**
- **1,5 kg kleine, fest kochende Kartoffeln**
- **gehackter Thymian**
- **750 ml (3/4 l) Hühnerbrühe**
- **10 Tomaten**

Tipp:
Sie können die Fettfangschalen auch zusammen bei Ober-/Unterhitze in den Backofen schieben, dann eine Fettfangschale in die obere Einschubleiste, die andere in die untere Einschubleiste schieben. Die Fettfangschalen nach der Hälfte der Garzeit wechseln (die obere Fettfangschale in die untere, die untere in die obere Einschubleiste).

1 Putenschnitzel unter fließendem kalten Wasser abspülen, trockentupfen, nacheinander zwischen einem aufgeschnittenen Gefrierbeutel ganz dünn klopfen. Putenschnitzel nebeneinander auf eine Arbeitsfläche legen. Mit Salz und Pfeffer bestreuen.

2 Blattspinat verlesen, gründlich waschen, abtropfen lassen und in kochendem Salzwasser 1–2 Minuten blanchieren. Blattspinat in ein Sieb geben, mit kaltem Wasser übergießen, gut abtropfen lassen und etwas ausdrücken.

3 Butter in einem Topf zerlassen, Blattspinat darin andünsten. Die Putenschnitzel damit belegen und von der kurzen Seite her aufrollen, mit Holzstäbchen oder Küchengarn zusammenhalten. Die Putenrouladen in einen großen Bräter oder in 2 Fettfangschalen legen.

4 Kartoffeln unter fließendem kalten Wasser gründlich abbürsten, trockentupfen und zwischen den Rouladen verteilen. Thymian abspülen, trockentupfen, fein hacken und darüber streuen. Etwas von der Brühe hinzugießen.

5 Den Bräter auf dem Rost oder die Fettfangschalen nacheinander (bei Heißluft zusammen) in den Backofen schieben.

Ober-/Unterhitze:
180– 200 °C (vorgeheizt)
Heißluft: 160–180 °C
(nicht vorgeheizt)
Gas: etwa Stufe 3 (nicht vorgeheizt)
Garzeit: etwa 80 Min.

6 Tomaten waschen, abtropfen lassen, kreuzweise einschneiden und einige Sekunden in kochendes Wasser legen. Tomaten kurz in kaltes Wasser legen, enthäuten, halbieren, entkernen, Stängelansätze herausschneiden. Fruchtfleisch in Würfel schneiden.

7 Die Putenrouladen während der Garzeit gelegentlich vorsichtig wenden, dabei immer etwas von der restlichen Brühe hinzugießen.

8 Nach etwa 60 Minuten Garzeit die Tomatenwürfel hinzugeben, unterrühren und das Ganze fertig garen. Mit Salz und Pfeffer nochmals würzen.

Hähnchenbrustfilet in Tomatensauce

Zubereitungszeit: 90 Min.
Garzeit: etwa 45 Min.

Pro Portion:
E: 35 g, F: 22 g, Kh: 8 g,
kJ: 1576, kcal: 377

- **12 Hähnchenbrustfilets (je etwa 140 g)**
- **Salz**
- **frisch gemahlener Pfeffer**
- **6 EL Pflanzenöl**

- **10 Tomaten (je etwa 110 g)**
- **2 Gemüsezwiebeln (etwa 400 g)**
- **2 Pck. TK-Kräuter der Provence**
- **400 ml Gemüsebrühe oder -fond**
- **600 ml Schlagsahne**
- **60 g Saucenbinder, z. B. Bratensauce von Knorr**

1 Hähnchenbrustfilets unter fließendem kalten Wasser abspülen, trockentupfen. Mit Salz und Pfeffer würzen. Pflanzenöl in einer großen Pfanne erhitzen. Die Hähnchenbrustfilets portionsweise von beiden Seiten darin anbraten.

2 Hähnchenbrustfilets nebeneinander in eine große Auflaufform oder Fettfangschale legen.

3 Tomaten waschen, abtropfen lassen, kreuzweise einschneiden und kurz in kochendes Wasser, anschließend kurz in kaltes Wasser legen, enthäuten, Stängelansätze und Kerne entfernen, Fruchtfleisch in Würfel schneiden. Gemüsezwiebeln abziehen und ebenfalls in Würfel schneiden.

4 Zwiebel- und Tomatenwürfel im verbleibenden Bratenfett der Hähnchenbrustfilets andünsten, Kräuter und Brühe oder Fond hinzugeben und etwas einkochen lassen. Sahne hinzugießen. Mit Saucenbinder nach Packungsanleitung leicht binden. Mit Salz und Pfeffer würzen. Die Sauce unter gelegentlichem Rühren noch etwa 5 Minuten kochen lassen.

5 Die Hähnchenbrustfilets mit der Sauce übergießen. Die Form auf dem Rost in den Backofen schieben.

Ober-/Unterhitze:
etwa 200 °C (vorgeheizt)
Heißluft: etwa 180 °C
(nicht vorgeheizt)
Gas: Stufe 3–4 (nicht vorgeheizt)
Garzeit: etwa 45 Min.

Beigabe:
Nudeln in jeglicher Form und Farbe, Gnocchi in Butter geschwenkt und mit geriebenem Parmesankäse bestreut. Frische Blattsalate.

Abwandlung:
Statt der Hähnchenbrustfilets können 24 Schweinemedaillons (je etwa 80 g) verwendet werden. Die Garzeit beträgt dann etwa 35 Minuten.

Putenbrust in der Kartoffelkruste

Zubereitungszeit: 90 Min.
Garzeit: etwa 90 Min.

Pro Portion:
E: 40 g, F: 7 g, Kh: 20 g, kJ: 1416, kcal: 338

- **2 Putenbrustfilets (je etwa 750 g)**
- **Salz**
- **frisch gemahlener Pfeffer**
- **4 EL Pflanzenöl**
- **2 Schweinenetze (beim Metzger vorbestellen)**
- **2 Eier**
- **1 kg große, fest kochende Kartoffeln**

- **500 g kleine Schalotten**
- **1 Staudensellerie (etwa 500 g)**
- **500 g Cocktailtomaten**
- **200 ml trockener Weißwein**
- **400 ml Geflügelbrühe oder -fond**

1 Putenbrustfilets unter fließendem kalten Wasser abspülen und trockentupfen. Mit Salz und Pfeffer würzen. Pflanzenöl in einer Pfanne zerlassen. Die Putenbrustfilets von beiden Seiten darin anbraten.

2 Auf einer Arbeitsfläche zwei Schweinenetze ausbreiten und je ein Putenbrustfilet darauf legen. Eier verschlagen und die Putenbrustfilets damit bestreichen.

3 Kartoffeln gründlich waschen, schälen, abspülen, abtropfen lassen und in dünne Scheiben schneiden oder hobeln. Die Kartoffelscheiben dachziegelartig auf den Putenbrustfilets verteilen, jeweils mit einem Schweinenetz umwickeln und in einen Bräter oder in die Fettfangschale legen. Den Bräter auf dem Rost oder die Fettfangschale in den Backofen schieben.

- **Abwandlung:**

Statt der Putenbrustfilets kann dieses Gericht auch mit Schweinebraten (2 Stücke aus der Oberschale je 800 g) zubereitet werden. Dann beträgt die Garzeit 2 Stunden und 10 Minuten.

Ober-/Unterhitze: 180–200 °C (vorgeheizt)
Heißluft: 160–180 °C (nicht vorgeheizt)
Gas: etwa Stufe 3 (nicht vorgeheizt)
Garzeit: etwa 90 Min.

4 Schalotten abziehen, evtl. halbieren. Sellerie putzen, waschen, abtropfen lassen, die harten Außenfäden abziehen. Sellerie in 2–3 cm lange Stücke schneiden. Tomaten waschen, abtropfen lassen, evtl. Stängelansätze herausschneiden.

5 Schalotten, Selleriestücke und Tomaten nach der Hälfte der Garzeit zu den Putenbrustfilets geben und mitgaren lassen. Weißwein und Brühe oder Fond hinzugießen. Die Putenbrustfilets ab und zu mit der Garflüssigkeit begießen.

6 Die Putenbrustfilets herausnehmen, das Fleisch 10 Minuten zugedeckt ruhen lassen, dann in dicke Scheiben schneiden und mit dem Gemüse servieren.

Hähnchenbrustfilet im Speckmantel

Zubereitungszeit: 45 Min.
Garzeit: etwa 40 Min.

Pro Portion:
E: 46 g, F: 74 g, Kh: 9 g,
kJ: 3808, kcal: 910

- **1,5 kg Hähnchenbrustfilet**
- **Salz**
- **frisch gemahlener Pfeffer**
- **24 Scheiben Schinkenspeck**

Für die Sauce:

- **1 Tube (200 g) Tomatenmark**
- **3 geh. EL Bratensauce zum Binden, z. B. von Maggi**
- **500 ml (1/2 l) Hühnerbrühe**
- **1 l Schlagsahne**
- **Salz**
- **frisch gemahlener Pfeffer**

1 Hähnchenbrustfilet unter fließendem kalten Wasser abspülen, trockentupfen und 24 Filetstücke (je etwa 65 g) daraus schneiden. Mit Salz und Pfeffer bestreuen. Jeweils 1 Filetstück mit je einer Scheibe Schinkenspeck umwickeln und aufrecht in eine große, flache Auflaufform geben.

2 Für die Sauce Tomatenmark mit Bratensauce verrühren. Hühnerbrühe und Sahne hinzugießen und unterrühren. Mit Salz und Pfeffer würzen. Die Filetstücke mit der Sauce übergießen. Mit Alufolie zudecken.

3 Die Form auf dem Rost in den Backofen schieben.

Ober-/Unterhitze:
etwa 200 °C (vorgeheizt)
Heißluft: etwa 180 °C
(nicht vorgeheizt)
Gas: Stufe 3–4 (nicht vorgeheizt)
Garzeit: etwa 40 Min.

4 Nach etwa 25 Minuten Garzeit die Alufolie entfernen und die Filetstücke fertig garen.

Beigabe:
Reis, Spätzle, Kraut- oder Bohnensalat.

Abwandlung:
Dieses Gericht kann statt mit Hähnchenbrustfilets auch mit 24 Schweinemedaillions (je etwa 65 g) zubereitet werden. Die Garzeit bleibt gleich.

Tipp:
Nach Belieben nach der Gesamt-Garzeit die Sauce noch mit etwas Bratensauce zum Binden andicken oder Tomatenwürfel unterrühren. Dafür 6 Tomaten waschen, abtropfen lassen, kreuzweise einschneiden und einige Sekunden in kochendes Wasser legen. Tomaten kurz in kaltes Wasser legen, enthäuten, halbieren, entkernen, Stängelansätze herausschneiden. Fruchtfleisch in Würfel schneiden. Tomatenwürfel unterrühren.

Gemüse

Diese Gerichte sind nicht nur gesund, sondern garen auch still vor sich hin, während Sie sich auf Ihre Gäste vorbereiten.

Frühlingsgemüse-Gratin

Zubereitungszeit: 65 Min.
Garzeit: etwa 25 Min.

Pro Portion:
E: 10 g, F: 54 g, Kh: 24 g, kJ: 2678, kcal: 639

- **1,2 kg kleine, neue Kartoffeln**
- **Kümmelsamen**
- **600 g grüner Spargel**
- **600 g weißer Spargel**
- **600 g junge Möhren mit Grün**
- **600 g junge Kohlrabi**
- **100 g Butter**
- **Salz**
- **frisch gemahlener Pfeffer**
- **4 Pck. Sauce Hollandaise (Fertigprodukt je 250 ml)**
- **1 kleiner Topf Kerbel**
- **100 g geriebener Parmesan-Käse**

1 Kartoffeln gründlich waschen, abbürsten und abspülen. Kartoffeln zugedeckt in kochendem Salzwasser mit Kümmel 20–25 Minuten kochen lassen. Kartoffeln abgießen, in ein Sieb geben, abtropfen lassen und warm stellen.

2 In der Zwischenzeit den grünen Spargel im unteren Drittel evtl. dünn schälen und die unteren Enden abschneiden. Den weißen Spargel von oben nach unten schälen, darauf achten, dass die Schalen vollständig entfernt, die Köpfe aber nicht verletzt werden. Die unteren Enden abschneiden (holzige Stellen vollkommen wegschneiden). Spargel abspülen. Möhren und Kohlrabi putzen, schälen und waschen. Von den Möhren, bis auf 3 cm das Grün abschneiden.

3 Spargel, Möhren und Kohlrabi in mundgerechte Stücke teilen und in kochendem Salzwasser 8–10 Minuten blanchieren, in ein Sieb geben, mit kaltem Wasser übergießen und abtropfen lassen.

4 Butter in einer großen Pfanne zerlassen. Gemüse und Kartoffeln portionsweise darin andünsten.

(Fortsetzung Seite 72)

Mit Salz und Pfeffer würzen. Gemüse und Kartoffeln in eine große Auflaufform geben. Sauce Hollandaise darüber gießen. Die Form auf dem Rost in den Backofen schieben.

Ober-/Unterhitze:
etwa 220 °C (vorgeheizt)
Heißluft: etwa 200 °C (vorgeheizt)
Gas: Stufe 4–5 (vorgeheizt)
Garzeit: etwa 25 Min.

5 Kerbel abspülen und trockentupfen. Die Blättchen von den Stängeln zupfen. Frühlingsgemüse-Gratin mit Kerbelblättchen und Parmesan bestreut servieren.

Fenchelgratin à la sante

Zubereitungszeit: 90 Min.
Garzeit: etwa 15 Min.

Pro Portion:
E: 20 g, F: 20 g, Kh: 12 g,
kJ: 1373, kcal: 328

- **8 Fenchelknollen (etwa 2,4 kg)**
- **Salzwasser**
- **1 Gemüsezwiebel (etwa 450 g)**
- **4 Knoblauchzehen**
- **6 große Fleischtomaten (etwa 900 g)**
- **600 g Schafkäse, z. B. Feta-Käse**
- **6 EL Olivenöl**
- **400 ml Gemüsebrühe oder -fond**
- **Salz**
- **frisch gemahlener Pfeffer**
- **200 g geriebener Parmesan-Käse**

1 Von den Fenchelknollen die Stiele dicht oberhalb der Knollen abschneiden. Braune Stellen und Blätter entfernen. Die Wurzelenden abschneiden. Die Knollen halbieren, waschen, abtropfen lassen und nach Belieben in Spalten schneiden. Fenchelspalten in kochendem Salzwasser etwa 10 Minuten garen, in ein Sieb geben und abtropfen lassen.

2 Gemüsezwiebel und Knoblauch abziehen und in kleine Würfel schneiden. Tomaten waschen, abtrocknen, halbieren, Stängelansätze herausschneiden und die Kerne entfernen. Tomatenhälften in Würfel schneiden. Schafkäse mit einer Gabel zerbröseln.

Beigabe:
Kleine gebratene Röstkartoffeln.

3 Olivenöl in einem großen Bräter erhitzen. Zunächst Zwiebel- und Knoblauchwürfel darin andünsten. Fenchelspalten hinzugeben. Gemüsebrühe oder -fond hinzugießen. Mit Salz und Pfeffer würzen. Tomatenwürfel und Feta-Käse darauf verteilen. Parmesan-Käse darüber streuen. Den Bräter auf dem Rost in den Backofen schieben.

Ober-/Unterhitze:
etwa 220 °C (vorgeheizt)
Heißluft: etwa 200 °C (vorgeheizt)
Gas: Stufe 4–5 (vorgeheizt)
Garzeit: etwa 15 Min.

4 Nach etwa 15 Minuten den Backofen auf Oberhitze 250 °C stellen und das Gratin etwa 5 Minuten überbacken.

Tipp:
Zu diesem Gericht passen gebratene Kochschinkenwürfel (pro Portion etwa 50 g) oder gebratene TK-Shrimps (pro Portion etwa 50 g).

Gemüsespiesse

Zubereitungszeit: 120 Min.
Garzeit: etwa 15 Min.

Pro Portion:
E: 13 g, F: 25 g, Kh: 52 g, kJ: 2038, kcal: 486

- **1 Kopf Blumenkohl (etwa 1,2 kg)**
- **4 Köpfe Brokkoli (etwa 1,2 kg)**
- **6 gelbe Paprikaschoten (etwa 1,2 kg)**
- **24 kleine Tomaten (etwa 1,2 kg)**
- **Salz**
- **frisch gemahlener Pfeffer**

Für die Sauce:

- **2 Zwiebeln (etwa 120 g)**
- **1 EL Speiseöl**
- **1 EL Currypulver**
- **200 ml Gemüsebrühe oder -fond**
- **200 ml Schlagsahne**
- **2 EL flüssiger Honig**
- **6 EL Olivenöl**

Für die Beilage:

- **600 g Langkornreis**
- **100 g Butter**
- **140 g Pinienkerne**

Außerdem:

- **12 dünne Holzspieße, am besten Bambussticks**

1 Von dem Blumenkohl die schlechten Stellen entfernen, den Strunk abschneiden und den Blumenkohl in nicht zu kleine Röschen teilen. Von dem Brokkoli die Blätter und den dicken Strunk entfernen und den Brokkoli ebenfalls in nicht zu kleine Röschen teilen. Die Röschen waschen und abtropfen lassen. Paprikaschoten halbieren, entstielen, entkernen, die weißen Scheidewände entfernen. Schoten waschen und in mundgerechte Stücke schneiden. Die Paprikastücke in kochendem Wasser etwa 2 Minuten blanchieren, in ein Sieb geben, mit kaltem Wasser übergießen und abtropfen lassen.

2 Blumenkohl- und Brokkoliröschen in kochendem Salzwasser etwa 4 Minuten kochen, in ein Sieb geben, mit kaltem Wasser übergießen und abtropfen lassen.

3 Tomaten waschen, halbieren und die Stängelansätze entfernen.

4 Blumenkohl-, Brokkoliröschen, Paprikastücke und Tomatenhälften abwechselnd auf 12 Spieße verteilen. Mit Salz und Pfeffer würzen.

5 Für die Sauce Zwiebeln abziehen und fein würfeln. Speiseöl in einem kleinen Topf erhitzen, Zwiebelwürfel darin glasig dünsten. Mit Curry bestäuben. Brühe oder -fond und Sahne hinzugießen, aufkochen und bis zur gewünschten Konsistenz einkochen lassen. Mit Honig, Salz und Pfeffer würzen. Die Sauce in eine große, flache Auflaufform geben.

6 Olivenöl in einer großen Pfanne erhitzen. Die Gemüsespieße portionsweise bei nicht zu großer Hitze darin anbraten. Die Spieße in die Currysauce (Auflaufform) legen. Die Auflaufform auf dem Rost in den Backofen schieben.

Ober-/Unterhitze: etwa 180 °C (vorgeheizt)
Heißluft: etwa 160 °C (vorgeheizt)
Gas: Stufe 2–3 (vorgeheizt)
Garzeit: etwa 15 Min.

7 Für die Beilage Reis in kochendem Salzwasser nach Packungsanleitung bissfest kochen. Reis in einem Sieb abtropfen lassen.

8 Butter in einer Pfanne zerlassen. Pinienkerne unter Rühren goldbraun darin rösten. Reis in eine Schüssel geben und mit den Pinienkernen vermischen, mit Salz würzen.

9 Gemüsespieße in Currysauce mit dem Pinienkernreis sofort servieren.

Bohnenauflauf

Zubereitungszeit: 55 Min.
Garzeit: etwa 35 Min.

Pro Portion:
E: 19 g, F: 38 g, Kh: 12 g,
kJ: 2025, kcal: 483

- **2 kg TK-Bohnen**
- **4 große Zwiebeln**
- **200 g durchwachsener Speck**
- **1 Bund gehackte Petersilie**
- **250 g roher, gewürfelter Schinken**

Für die Sauce:

- **5 Eier**
- **250 g saure Sahne**
- **250 g Crème fraîche**
- **200 g geriebener Käse, z. B. Gratin-Käse**
- **Salz**
- **frisch gemahlener Pfeffer**
- **Paprikapulver, edelsüß**

- **etwas geriebener Käse, z. B. Gratin-Käse**
- **50 g Butter**

1 Bohnen in einem Topf nach Packungsanleitung bissfest kochen. Anschließend in einem Sieb abtropfen lassen.

2 Zwiebeln abziehen und fein würfeln. Speck in Würfel schneiden und in einer Pfanne auslassen. Zwiebelwürfel darin andünsten. Petersilie abspülen, trockentupfen, fein hacken und unter die Speck-Zwiebel-Masse rühren. Bohnen mit der Speck-Zwiebel-Masse und den Schinkenwürfeln mischen und in eine Fettfangschale geben.

3 Für die Sauce Eier, saure Sahne, Crème fraîche und Käse verrühren. Mit Salz und Pfeffer würzen. Die Sauce auf der Bohnenmasse verteilen. Käse darüber streuen. Butterflöckchen darauf setzen.

4 Die Fettfangschale in den Backofen schieben.

Ober-/Unterhitze:
etwa 200 °C (vorgeheizt)
Heißluft: etwa 180 °C (nicht vorgeheizt)
Gas: Stufe 3–4 (nicht vorgeheizt)
Garzeit: etwa 35 Min.

Beigabe:
Bohnenauflauf kann zu allem kurz Gebratenen, wie Filetsteaks, Rumpsteak oder Schweinefilet serviert werden.

Abwandlung:
Der Auflauf kann auch mit 2,5 kg frischen grünen Bohnen oder 1 kg frischen grünen Bohnen und 3 Gläsern (Einwaage je 400 g) weißen Bohnen zubereitet werden. Zusätzlich noch einige halbierte schwarze Oliven hinzufügen.

Gemüseragout mit Kartoffeln

Zubereitungszeit: 70 Min.
Garzeit: etwa 35 Min.

Pro Portion:
E: 6 g, F: 11 g, Kh: 24 g,
kJ: 947, kcal: 226

- **4 Zwiebeln**
- **4 Zucchini (je etwa 200 g)**
- **je 3 rote und grüne Paprikaschoten**
- **300 g Knollensellerie**
- **3 Auberginen (je etwa 300 g)**
- **1,2 kg fest kochende Kartoffeln**
- **10 Tomaten**
- **125 ml (1/8 l) Olivenöl**
- **Thymianblättchen**
- **Majoranblättchen**
- **Salz**
- **frisch gemahlener Pfeffer**
- **6 abgezogene Knoblauchzehen**

1 Zwiebeln abziehen und in feine Würfel schneiden. Zucchini waschen, abtrocknen, die Enden abschneiden. Paprika halbieren, entstielen, entkernen, die weißen Scheidewände entfernen. Die Schoten waschen, abtrocknen. Sellerie putzen, schälen, waschen, abtrocknen. Auberginen waschen, abtrocknen, die Stängelansätze abschneiden. Kartoffeln waschen, schälen, abspülen, trockentupfen. Tomaten waschen, abtrocknen, die Stängelansätze herausschneiden.

2 Zucchini, Paprika, Sellerie, Auberginen, Kartoffeln und Tomaten in etwa 1 x 1 cm große Würfel schneiden.

3 Olivenöl in einem Topf erhitzen, portionsweise Zwiebel-, dann Gemüse- und Kartoffelwürfel darin andünsten. Zuletzt Tomatenwürfel hinzugeben.

4 Thymian und Majoran abspülen und trockentupfen. Die Blättchen von den Stängeln zupfen. Knoblauch abziehen und durch eine Knoblauchpresse drücken. Das Gemüse mit Thymian-, Majoranblättchen, Salz, Pfeffer und Knoblauch würzen und in eine große oder 2 kleine Auflaufformen geben. Die Form (Formen) auf dem Rost in den Backofen schieben.

Ober-/Unterhitze:
etwa 200 °C (vorgeheizt)
Heißluft: etwa 180 °C
(nicht vorgeheizt)
Gas: Stufe 3–4 (nicht vorgeheizt)
Garzeit: etwa 35 Min.

5 Das Gemüse durchrühren und nochmals mit Salz und Pfeffer würzen.

Beigabe:
Gegrilltes Fleisch, z. B. Lamm-, Rind- oder Schweinefilet..

Abwandlung:
Statt der oben genannten Gemüsesorten kann das Gericht auch mit 1,5 kg blanchiertem Wirsing, Kartoffeln und Tomaten zubereitet werden. Dann ist es gut, die Kartoffeln als Pellkartoffeln zuzubereiten.

Tipp:
Das Gemüseragout kann gut vorbereitet und kurz vor dem Verzehr gegart werden.

Schweizer Kartoffelpfanne mit Eiern

Zubereitungszeit: 70 Min.
Garzeit: etwa 45 Min., je Form

Pro Portion:
E: 21 g, F: 55 g, Kh: 35 g, kJ: 3100, kcal: 740

- **2,5 kg Frühkartoffeln**
- **Salz**
- **frisch gemahlener Pfeffer**
- **500 g durchwachsener Speck**
- **5 Zwiebeln**

Für die Form:

- **2 Knoblauchzehen**
- **etwas Butter oder Margarine**

- **500 ml (1/2 l) Schlagsahne**
- **200 g geriebener Käse, z. B. Emmentaler**

- **10–12 Eier**

- **2 EL Schnittlauch**

1 Kartoffeln waschen, zugedeckt in Wasser zum Kochen bringen und in 20–25 Minuten gar kochen lassen, abgießen, abdämpfen und heiß pellen. Kartoffeln in Scheiben schneiden. Mit Salz und Pfeffer bestreuen.

2 Speck in Würfel schneiden. Speckwürfel in einer Pfanne ohne Fett auslassen. Zwiebeln abziehen und in feine Würfel schneiden. Zwiebelwürfel zum Speck geben und glasig dünsten lassen.

3 Für die Form Knoblauch abziehen. 2 große Gratinformen damit ausreiben und mit Butter oder Margarine einfetten.

4 Die Kartoffelscheiben abwechselnd mit der Speck-Zwiebel-Mischung in die Formen geben. Sahne mit Käse verschlagen und darüber gießen. Eier aufschlagen. Jeweils 5–6 Eier auf je einen Auflauf setzen.

5 Die Formen nacheinander (bei Heißluft zusammen) auf dem Rost in den Backofen schieben.

Ober-/Unterhitze:
etwa 180 °C (vorgeheizt)
Heißluft: etwa 160 °C (vorgeheizt)
Gas: Stufe 2–3 (vorgeheizt)
Garzeit: etwa 45 Min., je Form.

Abwandlung:
Dieses Gericht kann auch statt mit Kartoffeln mit Nudeln zubereitet werden. Dann 800 g schmale Bandnudeln nach Packungsanleitung in Salzwasser garen und wie angegeben weiterverarbeiten. Die Nudelpfanne ist mit einer Tomatensauce ein vollständiges Hauptgericht.

Rosmarin-Kartoffel-Spiesse

Zubereitungszeit:
120–140 Min.
Garzeit: etwa 40 Min.

Pro Portion:
E: 8 g, F: 9 g, Kh: 42 g,
kJ: 1215, kcal: 289

- **3 kg kleine, fest kochende Kartoffeln**
- **Salzwasser**
- **Kümmelsamen**
- **1,2 kg grüne Bohnen**
- **5 rote Zwiebeln (etwa 200 g)**
- **8 kleine Zweige Rosmarin**
- **6 EL Olivenöl**
- **Salz**
- **frisch gemahlener Pfeffer**

- **4 EL Olivenöl**
- **800 ml Gemüsebrühe oder -fond**

Außerdem:
- **12 dünne Holzspieße**

1 Kartoffeln gründlich waschen, abbürsten und abspülen. Kartoffeln zugedeckt in kochendem Salzwasser mit Kümmel etwa 20 Minuten kochen lassen. Kartoffeln in ein Sieb geben und abtropfen lassen.

2 Von den Bohnen die Enden abschneiden, die Bohnen evtl. abfädeln, waschen, abtropfen lassen und in etwa 3 cm lange Stücke schneiden oder brechen. Bohnen in kochendem Salzwasser etwa 5 Minuten blanchieren, in ein Sieb geben, mit kaltem Wasser übergießen und abtropfen lassen.

3 Zwiebeln abziehen, halbieren und in Scheiben schneiden.

4 Kartoffeln gleichmäßig auf 12 Holzspieße verteilen. Rosmarin abspülen und trockentupfen. Die Nadeln von den Stängeln zupfen.

5 Olivenöl in einer großen Pfanne erhitzen. Kartoffelspieße portionsweise mit den Rosmarinnadeln darin anbraten. Mit Salz und Pfeffer würzen.

6 Olivenöl in einem großen Bräter erhitzen. Zwiebelscheiben darin glasig dünsten, Bohnen hinzugeben. Mit Salz und Pfeffer würzen. Die angebratenen Kartoffelspieße darauf legen. Gemüsebrühe oder -fond hinzugießen. Den Bräter auf dem Rost in den Backofen schieben.

Ober-/Unterhitze:
etwa 200 °C (vorgeheizt)
Heißluft: etwa 180 °C (nicht vorgeheizt)
Gas: Stufe 3–4 (nicht vorgeheizt)
Garzeit: etwa 40 Min.

Beigabe:
Knoblauchbrot und frische Salate. Schmeckt sehr gut als Beilage zu gegrilltem Lamm- oder Rindfleisch, wie Lammlachs, Lammspießen oder Rumpsteak.

Tipp:
Die Kartoffelspieße können auch in einer Fettfangschale zubereitet werden.

Kleine Kartoffel-Gemüse-Kuchen

Zubereitungszeit:
etwa 120 Min., ohne Kühl- und Ruhezeiten
Garzeit: etwa 30 Min.

Pro Portion:
E: 33 g, F: 28 g, Kh: 119 g,
kJ: 3784, kcal: 904

Zum Vorbereiten für den Belag:

- **1 l Wasser**
- **3 Beutel (je 3 Portionen) Kartoffelpüree**
- **90 g Butter**
- **Salz**
- **geriebene Muskatnuss**

Für den Quark-Öl-Teig:

- **1,5 kg Weizenmehl**
- **4 Pck. Backpulver**
- **1250 g Speisequark**
- **200 ml Milch**
- **200 ml Speiseöl**
- **Salz**

Für den Belag:

- **3 Köpfe Brokkoli (etwa 1050 g)**
- **je 1 rote, grüne und gelbe Paprikaschote (etwa 600 g)**
- **60 Cocktailtomaten (etwa 1,5 kg)**
- **2 Bund Thymian**
- **frisch gemahlener Pfeffer**

1 Zum Vorbereiten Wasser in einem Topf zum Kochen bringen. Püreepulver nach Packungsanleitung (aber nur mit 1 Liter Wasser) zubereiten. Butter unterrühren. Mit Salz und Muskat würzen. Püreemasse erkalten lassen.

2 Für den Teig Mehl mit Backpulver mischen, in eine große Rührschüssel sieben. Quark, Milch, Speiseöl und etwas Salz hinzufügen. Die Zutaten mit Handrührgerät mit Knethaken auf höchster Stufe in etwa 1 Minute zu einem Teig verarbeiten (nicht zu lange, Teig klebt sonst). Den Teig zugedeckt etwa 30 Minuten ruhen lassen (den Teig evtl. in 2 Portionen zubereiten).

3 Für den Belag von dem Brokkoli die Blätter entfernen. Brokkoli waschen, abtropfen lassen und in kleine Röschen teilen. Paprikaschoten halbieren, entstielen, entkernen, die weißen Scheidewände entfernen. Schoten waschen, abtropfen lassen und in Würfel schneiden. Brokkoliröschen und Paprikawürfel getrennt in kochendem Salzwasser etwa 2 Minuten blanchieren, in ein Sieb geben, mit kaltem Wasser übergießen und abtropfen lassen.

4 Tomaten waschen, abtropfen lassen und halbieren. Thymian abspülen und trockentupfen. Die Blättchen von den Stängeln zupfen.

5 Den Quark-Öl-Teig portionsweise auf einer bemehlten Arbeitsfläche etwa 5 mm dick ausrollen und insgesamt 60 kleine, runde Platten (Ø etwa 6 cm) ausstechen. Die Teigplatten jeweils mit Kartoffelpüree bestreichen und auf Backbleche (gefettet, mit Backpapier belegt) legen.

6 Brokkoliröschen, Paprikawürfel und Tomaten nach Belieben auf dem Püree verteilen (je Teigplatte etwa ein Brokkoliröschen, 2 Tomatenhälften und einige bunt gemischte Paprikawürfel). Mit Salz, Pfeffer und Thymian-Blättchen würzen.

7 Die Backbleche nacheinander (bei Heißluft zusammen) in den Backofen schieben.

Ober-/Unterhitze:
180–200 °C (vorgeheizt)
Heißluft: 160–180 °C (vorgeheizt)
Gas: etwa Stufe 3 (vorgeheizt)
Garzeit: etwa 30 Min.

8 Gemüse-Kuchen vom Backpapier nehmen und sofort servieren.

Gemüsetaschen

Zubereitungszeit: 60 Min., ohne Auftauzeit
Backzeit: etwa 20 Min., je Backblech

Pro Portion:
E: 9 g, F: 43 g, Kh: 28 g, kJ: 2308, kcal: 552

- **1 Pck. (450 g) TK-Blätterteig**
- **12 Scheiben Frühstückschinken oder durchwachsener Speck**
- **600 g gegartes Gemüse, z. B. Weißkohl, Erbsen, Bohnen, Keimlinge**

Zum Bestreichen:

- **1 Eigelb**
- **3 EL Milch**

1 Blätterteigplatten zugedeckt bei Zimmertemperatur auftauen lassen.

2 Schinken oder Speck in Würfel schneiden und in einer beschichteten Pfanne ausbraten. Gemüse hinzugeben und unterrühren.

3 Aus den Blätterteigplatten mit einer runden Form (Ø etwa 10 cm) 10 runde Plätzchen ausstechen. Restlichen Blätterteig aufeinander legen und auf einer leicht bemehlten Arbeitsfläche ausrollen und nochmals 2 Plätzchen (Ø etwa 10 cm) ausstechen.

4 Die Teigplätzchen zur Hälfte mit dem Gemüse belegen. Teigränder mit kaltem Wasser bestreichen, die andere Teighälfte darüber klappen. Die Taschen an den Rändern gut andrücken. Die Teigtaschen auf Backbleche (mit Backpapier belegt) legen.

5 Zum Bestreichen Eigelb mit Milch verschlagen. Die Teigtaschen damit bestreichen. Die Backbleche nacheinander (bei Heißluft zusammen) in den Backofen schieben.

Ober-/Unterhitze: etwa 200 °C (vorgeheizt)
Heißluft: etwa 180 °C (vorgeheizt)
Gas: Stufe 3–4 (vorgeheizt)
Backzeit: etwa 20 Min., je Backblech.

6 Die Gemüsetaschen vom Backpapier lösen und sofort servieren.

Abwandlung:
Statt des Gemüses können die Taschen auch mit einer Hackfleischfüllung zubereitet werden: Dafür 750 g gemischtes Hackfleisch (halb Rind-, halb Schweinefleisch) in 4 Esslöffeln heißem Olivenöl anbraten. Zwei in Würfel geschnittene Zwiebeln mit andünsten und die Hackfleischmasse mit Salz, Pfeffer und Oregano würzen und abkühlen lassen. Dann die Teigplätzchen weiter wie unter Punkt 4 beschrieben verarbeiten.

Beigabe:
Bunt gemischer Salat.

Kartoffel-Schichttorte

Zubereitungszeit: 90 Min.
Garzeit: etwa 60 Min.

Pro Portion:
E: 10 g, F: 18 g, Kh: 18 g, kJ: 1187, kcal: 284

- **1 kg fest kochende Kartoffeln**
- **1 kg dicke Möhren**
- **800 g Blattspinat**
- **Salzwasser**
- **500 ml (1/2 l) Schlagsahne**
- **8 Eier**
- **Salz**
- **frisch gemahlener Pfeffer**
- **geriebene Muskatnuss**

Zum Garnieren:

- **1 Bund Kerbel**

Außerdem:

- **2 gut schließende Springformen (Ø 20 cm)**
- **2 Bogen Alufolie**

Beigabe:
Gemischter Salat und Kräuter-Crème-fraîche.

1 Kartoffeln und Möhren schälen, gründlich waschen und in dünne Scheiben schneiden, evtl. auf einem Hobel. Spinat verlesen, waschen, gut abtropfen lassen, die dicken Stiele entfernen.

2 Kartoffeln, Möhren und Spinat in kochendem Salzwasser getrennt blanchieren. Kartoffeln etwa 8 Minuten, Möhren etwa 3 Minuten, Spinat etwa 10 Sekunden. Anschließend jeweils mit kaltem Wasser übergießen und in einem Sieb gut abtropfen lassen.

3 Sahne und Eier verschlagen. Mit Salz, Pfeffer und Muskat kräftig würzen.

4 Zwei Springformen (Ø 20 cm) fetten, die Formen in Alufolie einschlagen, da evtl. Flüssigkeit austritt. Spinat, Kartoffel- und Möhrenscheiben abwechselnd lagenweise in die Formen schichten.

5 Eiersahne vorsichtig darüber gießen. Die Formen auf dem Rost in den Backofen schieben.

Ober-/Unterhitze: etwa 180 °C (vorgeheizt, untere Einschubleiste)
Heißluft: etwa 160 °C (nicht vorgeheizt)
Gas: Stufe 2–3 (nicht vorgeheizt)
Garzeit: etwa 60 Min.

6 Die Formen auf je einen Rost stellen. Kartoffel-Schichttorten etwa 10 Minuten ruhen lassen, dann aus den Formen lösen und auf je eine Tortenplatte legen.

7 Kerbel abspülen und trockentupfen. Die Blättchen von den Stängeln zupfen, die Torte damit garnieren und sofort servieren.

Tipp:
Falls keine kleinen Formen vorhanden sind, kann die Schichttorte auch in einer Auflaufform zubereitet werden. Die Schichttorte nach etwa 45 Minuten Garzeit mit Backpapier zudecken.

Zucchini-Käse-Törtchen

Zubereitungszeit: 65 Min.
Backzeit: etwa 50 Min.

Pro Portion:
E: 9 g, F: 20 g, Kh: 15 g,
kJ: 1224, kcal: 293

Für den Knetteig:

- **250 g Weizen-Vollkornmehl**
- **½ gestr. TL Backpulver**
- **1 TL Salz**
- **1 Ei (Größe M)**
- **100 g Butter oder Margarine**
- **2–3 EL Wasser**

Für die Käsecreme:

- **150 g Crème fraîche**
- **100 ml Schlagsahne**
- **2 Eier (Größe M)**
- **1 TL Speisestärke**
- **200 geriebener Gouda-Käse**
- **Salz**
- **frisch gemahlener Pfeffer**
- **geriebene Muskatnuss**

Für den Belag:

- **200 g Zucchini**
- **200 g kleine Tomaten**

Zum Bestreuen:

- **Oregano und Thymian**

1 Für den Teig Mehl mit Backpulver mischen, in eine Rührschüssel sieben. Salz, Ei, Butter oder Margarine und Wasser hinzufügen. Die Zutaten mit Handrührgerät mit Knethaken zunächst kurz auf niedrigster, dann auf höchster Stufe gut durcharbeiten.

2 Anschließend auf einer bemehlten Arbeitsfläche zu einem glatten Teig verkneten. Sollte er kleben, ihn in Folie gewickelt eine Zeit lang kalt stellen.

3 Den Teig auf einer bemehlten Arbeitsfläche dünn ausrollen, 12 runde Platten (Ø 12 cm) ausstechen und kleine Soufflé-Förmchen (Ø 8 cm, gefettet) damit auslegen, dabei den Rand andrücken. Die Teigböden mit einer Gabel mehrmals einstechen. Die Förmchen auf dem Rost in den Backofen schieben und die Böden vorbacken.

Ober-/Unterhitze:
etwa 200 °C (vorgeheizt)
Heißluft: etwa 180 °C (vorgeheizt)
Gas: Stufe 3–4 (vorgeheizt)
Backzeit: etwa 15 Min.

4 Die Förmchen auf einen Kuchenrost stellen. Die Böden etwas abkühlen lassen.

5 Für die Käsecreme Crème fraîche mit Sahne, Eiern, Speisestärke, Käse, Salz, Pfeffer und Muskat gut verrühren. Jeweils 1 Esslöffel der Käsecreme auf je einen vorgebackenen Boden geben.

6 Für den Belag Zucchini waschen, trockenreiben, die Enden abschneiden. Zucchini längs halbieren und in dünne Scheiben schneiden. Tomaten waschen, abtropfen lassen, kreuzweise einschneiden und einige Sekunden in kochendes Wasser legen. Tomaten kurz in kaltes Wasser legen, enthäuten, halbieren, entkernen, Stängelansätze herausschneiden. Fruchtfleisch in Scheiben schneiden. Zucchini- und Tomatenscheiben auf die mit Käsecreme bestrichenen Böden legen und mit der restlichen Käsecreme bestreichen.

7 Oregano und Thymian abspülen, trockentupfen und fein hacken. Die Törtchen damit bestreuen. Die Förmchen wieder auf dem Rost in den Backofen schieben, **bei gleicher Backofeneinstellung in etwas 35 Minuten** fertig backen.

Tipp:
Servieren Sie die Zucchini-Käse-Törtchen als Vorspeise oder als Beilage zu einem frischen Salat.

Gemüsefladen

Zubereitungszeit: 80 Min., ohne Teiggehzeit
Backzeit: 15–20 Min., je Backblech

Pro Portion:
E: 10 g, F: 12 g, Kh: 41 g, kJ: 1366, kcal: 327

Für den Hefeteig:
- **600 g Weizenmehl**
- **1 Pck. (42 g) frische Hefe**
- **1 TL Zucker**
- **2 gestr. TL Salz**
- **etwa 400 ml lauwarmes Wasser**
- **5 EL Olivenöl**

Für den Tomatenbelag (für 12 Fladen):
- **8–9 Tomaten**
- **½ Bund Basilikum**
- **Salz, Pfeffer**
- **geriebener Käse, z. B. Gouda, Emmentaler, Greyerzer**

Für den Zucchinibelag (für 12 Fladen):
- **8–9 kleine Zucchini**
- **3–4 Knoblauchzehen**
- **5 TL Olivenöl**
- **½ Bund Salbei oder Basilikum**

Zum Überbacken:
- **geriebener Käse, z. B. Gouda, Emmentaler, Greyerzer**

1 Für den Teig Mehl in eine Rührschüssel sieben. In die Mitte eine Vertiefung drücken. Hefe hineinbröckeln, Zucker, Salz und etwas Wasser hinzufügen. Mit einer Gabel vorsichtig verrühren und etwa 10 Minuten gehen lassen.

2 Restliches Wasser und Olivenöl hinzufügen. Die Zutaten mit Handrührgerät mit Knethaken zunächst auf niedrigster, dann auf höchster Stufe in etwa 5 Minuten zu einem Teig verarbeiten. Den Teig zugedeckt so lange an einem warmen Ort stehen lassen, bis er sich sichtbar vergrößert hat.

3 Den Teig leicht mit Mehl bestäuben, aus der Schüssel nehmen, auf einer bemehlten Arbeitsfläche nochmals kurz durchkneten und etwa 1 cm dick ausrollen. 24 runde Fladen mit einer Form (Ø 10 cm) ausstechen oder ausschneiden. Die Teigfladen auf Backbleche (mit Backpapier belegt) legen.

4 Für den Tomatenbelag Tomaten waschen, abtrocknen, Stängelansätze entfernen. Tomaten in Scheiben schneiden. Basilikum abspülen und trockentupfen. Die Blättchen von den Stängeln zupfen und in Streifen schneiden. Tomatenscheiben auf 12 Teigfladen legen, mit Salz und Pfeffer würzen, mit Basilikum und Käse bestreuen.

5 Für den Zucchinibelag Zucchini waschen, abtrocknen und die Enden abschneiden. Zucchini in Scheiben schneiden. Knoblauch abziehen und durch eine Knoblauchpresse drücken. Olivenöl in einer Pfanne erhitzen. Zucchinischeiben und Knoblauch darin anbraten. Mit Salz würzen. Salbei oder Basilikum abspülen und trockentupfen. Die Blättchen von den Stängeln zupfen und in Streifen schneiden.

6 Die restlichen Teigfladen mit den Zucchinischeiben belegen. Mit Salbei oder Basilikum und Käse bestreuen. Die Backbleche nacheinander (bei Heißluft zusammen) in den Backofen schieben.

Ober-/Unterhitze:
etwa 200 °C (vorgeheizt)
Heißluft: etwa 180 °C (vorgeheizt)
Gas: Stufe 3–4 (vorgeheizt)
Backzeit: 15–20 Min., je Backblech.

7 Die Fladen vom Backpapier lösen und sofort servieren.

Tipp:
Gemüsefladen mit Knoblauch-, Kräuterquark oder Crème fraîche servieren.

Gemüselasagne

Zubereitungszeit: 90 Min.
Garzeit: etwa 50 Min., je Form

Pro Portion:
E: 20 g, F: 33 g, Kh: 46 g,
kJ: 2462, kcal: 588

- **4 Zwiebeln**
- **750 g Porree (Lauch)**
- **500 g Möhren**
- **500 g Knollensellerie**
- **8 EL Speiseöl**
- **2 kleine Dosen Gemüsemais (Abtropfgewicht je 230 g)**
- **Salz**
- **frisch gemahlener Pfeffer**
- **Paprika, edelsüß**
- **500 ml (1/2 l) Schlagsahne**
- **2 Becher (je 150 g) saure Sahne**
- **375 ml (3/8 l) Milch**
- **6 Eier**
- **50 g Weizenmehl**
- **1 Bund Petersilie**
- **200 g fein geriebener Gouda-Käse, z. B. Pikantje**
- **1 Pck. (500 g) Lasagneplatten, ohne Vorkochen**

1 Zwiebeln abziehen und in feine Würfel schneiden. Porree putzen, die Stangen längs halbieren, gründlich waschen, abtropfen lassen und in Streifen schneiden. Möhren putzen, schälen, waschen, abtropfen lassen. Sellerie putzen, schälen, waschen, abtropfen lassen. Möhren und Sellerie in Würfel schneiden.

2 Speiseöl in einem großen Topf erhitzen. Zwiebelwürfel darin glasig dünsten. Porreestreifen, Möhren- und Selleriewürfel portionsweise hinzugeben und unter Rühren mitdünsten lassen.

3 Gemüsemais in einem Sieb abtropfen lassen und hinzufügen. Mit Salz, Pfeffer und Paprika würzen.

4 Sahne, saure Sahne und Milch in eine Schüssel geben. Eier und Mehl hinzugeben. Die Zutaten mit einem Schneebesen verschlagen. Mit Salz und Pfeffer würzen.

5 Petersilie abspülen, trockentupfen, die Blättchen von den Stängeln zupfen, fein hacken und unter die Eier-Sahne-Sauce geben.

6 Abwechselnd Lasagneplatten, Gemüse, Käse, Eier-Sahne-Sauce, Lasagneplatten usw. in eine große, flache Auflaufform oder in 2 Gratinformen schichten. Die oberste Schicht sollte aus Käse bestehen.

7 Die Form oder Formen nacheinander (bei Heißluft zusammen) auf dem Rost in den Backofen schieben.

Ober-/Unterhitze:
etwa 200 °C (vorgeheizt)
Heißluft: etwa 180 °C
(nicht vorgeheizt)
Gas: Stufe 3–4 (nicht vorgeheizt)
Garzeit: etwa 50 Min., je Form.

8 Die Gemüselasagne noch etwa 15 Minuten im ausgeschalteten Backofen ruhen lassen und dann erst anschneiden.

Abwandlung:
Die Lasagne kann auch nur mit Tomatenscheiben (etwa 1,5 kg) und Gemüsemais zubereitet werden.

Lasagne all' Arrabiata

Zubereitungszeit: 75 Min.
Garzeit: etwa 50 Min.

Pro Portion:
E: 28 g, F: 21 g, Kh: 36 g,
kJ: 1978, kcal: 473

- **12 Fleischtomaten (etwa 1,8 kg)**
- **2 große Bund Basilikum**
- **3 Pck. (1500 g) stückige Tomatensauce (Fertigprodukt)**
- **Salz**
- **frisch gemahlener Pfeffer**
- **Knoblauchpulver**
- **etwas Tabasco**
- **900 g Mozzarella-Käse**
- **200 g Parmesan-Käse**
- **500 g Lasagneplatten, ohne Vorkochen**

1 Tomaten waschen, abtropfen lassen, kreuzweise einschneiden und einige Sekunden in kochendes Wasser legen. Tomaten kurz in kaltes Wasser legen, enthäuten, halbieren, entkernen, Stängelansätze herausschneiden. Fruchtfleisch grob würfeln.

2 Basilikum abspülen und trockentupfen. Die Blättchen von den Stängeln zupfen und in Streifen schneiden. Einige Blättchen zum Garnieren beiseite legen.

3 Tomatensauce in einem Topf erhitzen. Basilikum und Tomatenwürfel hinzugeben, etwa 5 Minuten bei schwacher Hitze kochen lassen, dabei ab und zu umrühren. Die Tomatenmasse mit Salz, Pfeffer, Knoblauch und Tabasco pikant bis leicht scharf würzen. Mozzarella in einem Sieb abtropfen lassen und in Scheiben schneiden.

4 Etwas von der Tomatenmasse auf dem Boden von zwei großen, flachen Auflaufformen (gefettet) verteilen, mit Parmesan bestreuen und mit Lasagneplatten belegen. Diesen Vorgang zweimal wiederholen. Die oberste Schicht soll aus Tomatenmasse bestehen. Zuletzt Mozzarellascheiben darauf legen.

5 Die Formen auf dem Rost in den Backofen schieben.

Ober-/Unterhitze:
etwa 200 °C (vorgeheizt)
Heißluft: etwa 180 °C (vorgeheizt)
Gas: Stufe 3–4 (vorgeheizt)
Garzeit: etwa 50 Min.

6 Die Lasagne vor dem Servieren mit den beiseite gelegten Basilikumblättchen garnieren.

Beigabe:
Frisches Weißbrot.

Abwandlung:
Die Lasagne kann statt mit Mozzarella auch mit Feta-Käse oder mit halb Feta-Käse und halb Mozzarella zubereitet werden.

Tipp:
Falls keine großen Auflaufformen vorhanden sind, kann die Lasagne auch in einer Fettfangschale zubereiten werden.

ASAGNE-PASTA

Auberginen à la Pasta

Zubereitungszeit: 95 Min.
Garzeit: etwa 40 Min.

Pro Portion:
E: 21 g, F: 23 g, Kh: 48 g,
kJ: 2160, kcal: 516

- **6 Auberginen (1,8 kg)**
- **Salz**
- **frisch gemahlener Pfeffer**

- **5 l Wasser**
- **5 TL Salz**
- **750 g dünne Spaghetti**

- **1 Bund oder Topf Basilikum**
- **3 Knoblauchzehen**
- **100 ml Olivenöl**
- **500 g Tomaten-Pastasauce (Fertigprodukt)**
- **Salz**
- **frisch gemahlener Pfeffer**
- **500 g Ricotta-Käse (italienischer Frischkäse)**

- **80 g geriebener Parmesan-Käse**
- **200 g Gratin-Käse**
- **evtl. etwas Wasser**

Beigabe:
Ofenwarmes, italienisches Brot.

1 Auberginen waschen. Die Stängelansätze abschneiden. Auberginen längs halbieren. Das Fruchtfleisch bis auf etwa 1/2 cm mit einem Teelöffel herausschaben und in kleine Würfel schneiden. Auberginenhälften salzen, pfeffern und nebeneinander in eine große Fettfangschale legen.

2 Wasser in einem großen Topf mit geschlossenem Deckel zum Kochen bringen. Dann Salz und Spaghetti zugeben. Die Spaghetti im geöffneten Topf bei mittlerer Hitze nach Packungsanleitung kochen lassen, dabei zwischendurch 4–5-mal umrühren. Spaghetti evtl. in 2 Portionen kochen.

3 Anschließend die Spaghetti in ein Sieb geben, mit heißem Wasser abspülen und abtropfen lassen.

4 Basilikum abspülen und trockentupfen. Die Blättchen von den Stängeln zupfen und fein hacken. Knoblauch abziehen und durch eine Knoblauchpresse drücken.

5 Olivenöl in einer Pfanne erhitzen. Die Auberginenwürfel portionsweise darin anbraten. Pastasauce hinzugeben. Knoblauch und Basilikum unterrühren. Mit Salz und Pfeffer würzen.

6 Spaghetti mit Ricotta-Käse und der Pastasauce vermischen. Die ausgehöhlten Auberginenhälften damit füllen. Parmesan- und Gratin-Käse auf den Auberginenhälften verteilen. Evtl. etwas Wasser in die Fettfangschale geben.

7 Die Fettfangschale in den Backofen schieben.

Ober-/Unterhitze:
etwa 180 °C (vorgeheizt)
Heißluft: etwa 160 °C (vorgeheizt)
Gas: Stufe 2–3 (vorgeheizt)
Garzeit: etwa 40 Min.

8 Die Auberginen aus der Fettfangschale nehmen und sofort servieren.

Tipp:
Anstelle der Fettfangschale können die Auberginenhälften auch in 3 Gratinformen gegart werden. Falls die Fettfangschale zu klein ist, benutzen Sie zusätzlich noch eine Gratinform.

Bunte Blechnudeln

Zubereitungszeit: 60 Min.
Garzeit: etwa 45 Min.

Pro Portion:
E: 22 g, F: 29 g, Kh: 61 g,
kJ: 2597, kcal: 620

- **4 l Wasser**
- **4 TL Salz**
- **1 kg Linguine (breite Spaghetti)**
- **3 Stangen Porree (Lauch)**
- **500 g Cocktailtomaten**
- **2 gelbe Paprikaschoten**
- **1 Bund glatte Petersilie**
- **6 Eier**
- **200 g geriebener, mittelalter Gouda-Käse**
- **400 ml Schlagsahne**
- **200 ml Gemüsebrühe**
- **2 Becher (je 150 g) Crème fraîche**
- **Salz**
- **frisch gemahlener Pfeffer**

1 Wasser in einem großen Topf mit geschlossenem Deckel zum Kochen bringen. Dann Salz und Linguine zugeben. Die Linguine im geöffneten Topf bei mittlerer Hitze nach Packungsanleitung kochen lassen, dabei zwischendurch 4–5-mal umrühren.

2 Porree putzen, die Stangen längs halbieren, gründlich waschen, abtropfen lassen und in dicke Streifen schneiden.

3 Die Porreestreifen etwa 3 Minuten vor Ende der Garzeit zu den Linguine geben und mitgaren lassen.

4 Anschließend die Porree-Linguine in ein Sieb geben, mit heißem Wasser abspülen und abtropfen lassen.

5 Tomaten waschen, abtrocknen, evtl. die Stängelansätze herausschneiden. Tomaten halbieren. Paprika halbieren, entstielen, entkernen, die weißen Scheidewände entfernen. Die Schoten waschen und in Streifen schneiden. Petersilie abspülen, trockentupfen und fein hacken.

6 Eier, Käse, Sahne, Brühe und Crème fraîche verrühren. Mit Salz und Pfeffer würzen.

7 Porree-Linguine, Tomatenhälften, Paprikastreifen und Petersilie in eine Fettfangschale oder in 2 große, flache Auflaufformen geben. Die Eier-Sahne-Crème-fraîche-Sauce darüber gießen. Die Fettfangschale oder die Formen auf dem Rost in den Backofen schieben.

Ober-/Unterhitze:
etwa 200 °C (vorgeheizt)
Heißluft: etwa 180 °C
(nicht vorgeheizt)
Gas: Stufe 3–4 (nicht vorgeheizt)
Garzeit: etwa 45 Min.

Abwandlung:
Statt mit Porree können die Blechnudeln auch mit Möhren- und Zucchinistreifen zubereitet werden. Dafür je 3 Möhren und Zucchini putzen, evtl. schälen, waschen und in schmale Streifen schneiden und weiter wie unter Punkt 3 beschrieben verarbeiten.

Beigabe:
Gemischter Salat, für Kinder Tomatenketchup.

Tipp:
Die Blechnudeln nach etwa 30 Minuten mit Backpapier zudecken.

Gebackener Spinat vom Blech

Zubereitungszeit: 35 Min., ohne Auftauzeit
Garzeit: 15–20 Min.

Pro Portion:
E: 21 g, F: 18 g, Kh: 4 g, kJ: 1141, kcal: 273

- **3 kg TK-Blattspinat**
- **8 EL Olivenöl**
- **3 Knoblauchzehen**
- **80 g Pinienkerne**
- **250 g Mozzarella-Käse**
- **100 g geriebener Parmesan-Käse**
- **Salz**
- **frisch gemahlener Pfeffer**

1 Blattspinat nach Packungsanleitung auftauen lassen und in einem Sieb abtropfen lassen. Eine Fettfangschale mit 3 Esslöffeln von dem Olivenöl einfetten.

2 Knoblauch abziehen, durch eine Knoblauchpresse drücken und in der Fettfangschale verteilen. Blattspinat etwas ausdrücken, darauf geben und etwas andrücken. Mit Pinienkernen bestreuen, restliches Olivenöl darüber träufeln.

3 Mozzarella in feine Würfel schneiden. Mozzarellawürfel und Parmesan-Käse auf dem Spinat verteilen. Mit Salz und Pfeffer würzen. Die Fettfangschale in den Backofen schieben.

Ober-/Unterhitze:
etwa 220 °C (vorgeheizt)
Heißluft: etwa 200 °C (vorgeheizt)
Gas: Stufe 4–5 (vorgeheizt)
Garzeit: 15–20 Min.

Abwandlung:
Statt Spinat kann auch frischer Mangold verwendet werden. Dann 3 kg Mangold waschen und in Streifen schneiden. Mangoldstreifen in Salzwasser blanchieren, etwas ausdrücken und dann weiter wie den Spinat verarbeiten. Es können zusätzlich noch Tomatenwürfel von 6 enthäuteten, entkernten Tomaten untergehoben werden.

Tipp:
Gebackener Spinat als Beilage zu Kurzgebratenem oder mit Baguette als Vorspeise reichen. Der Spinat kann auch sehr gut mit Schafkäse zubereitet werden.

Risi-Bisi mit Gemüse und Parmesanfladen

Zubereitungszeit: 75 Min.
Garzeit: 30–40 Min.

Pro Portion:
E: 14 g, F: 17 g, Kh: 60 g, kJ: 1894, kcal: 451

Für das Risotto:
- **400 g Zuckerschoten**
- **3 kleine Zucchini (etwa 400 g)**
- **je 1 rote und gelbe Paprikaschote (etwa 400 g)**
- **6 Schalotten (etwa 300 g) oder 1 Gemüsezwiebel**
- **100 ml Olivenöl**
- **800 g Rundkornreis**
- **2½ l Gemüsebrühe oder -fond**
- **Salz**
- **frisch gemahlener Pfeffer**

Für die Parmesanfladen:
- **200 g frisch geriebener Parmesan-Käse**
- **50 g frisch geriebener Emmentaler-Käse**
- **2 EL Olivenöl**

Zum Bestreuen und Garnieren:
- **2 Bund Majoran**

Beigabe:
Frisches Baguette.

1 Für das Risotto Zuckerschoten putzen, die Enden abschneiden. Schoten waschen und abtropfen lassen. Zucchini waschen, abtropfen lassen und ebenfalls die Enden abschneiden. Zucchini in Scheiben oder Würfel schneiden. Paprikaschoten halbieren, entstielen, entkernen, die weißen Scheidewände entfernen. Schoten waschen und in Würfel schneiden. Schalotten oder Gemüsezwiebel abziehen und ebenfalls in Würfel schneiden.

2 Olivenöl in einem großen Bräter erhitzen. Vorbereitetes Gemüse und Reis portionsweise 5–10 Minuten darin andünsten. Etwas von der Brühe hinzugießen. Den Bräter zugedeckt auf dem Rost in den Backofen schieben.

Ober-/Unterhitze:
200–220 °C (vorgeheizt)
Heißluft: 180–200 °C
(nicht vorgeheizt)
Gas: etwa Stufe 4 (nicht vorgeheizt)
Garzeit: 30–40 Min.

3 Während des Garens nach und nach Gemüsebrühe oder -fond hinzugießen. Das Risotto unter mehrmaligem Rühren garen (der Reis sollte noch etwas Biss haben). Mit Salz und Pfeffer würzen.

4 Für die Parmesanfladen Parmesan und Emmentaler mischen. Eine beschichtete Pfanne mit etwas Olivenöl bestreichen, den Boden mit etwas von der Käsemischung bestreuen, bei schwacher Hitze schmelzen, dann von beiden Seiten goldgelb rösten lassen. Parmesanfladen aus der Pfanne nehmen und auf Backpapier erkalten lassen. Vorgang wiederholen, bis die Käsemischung aufgebraucht ist (ergibt 4–5 Fladen).

5 Zum Bestreuen und Garnieren Majoran abspülen und trockentupfen (einige Zweige zum Garnieren beiseite legen). Die Blättchen von den Stängeln zupfen, fein hacken und über das Risotto streuen. Die Parmesanfladen in Stücke brechen und zum Risotto reichen. Mit Majoranzweigen garniert servieren.

Tipp:
Parmesanfladen können auch im Backofen zubereitet werden. Dafür je gut 1 Esslöffel Parmesan-Käse auf ein Backblech (mit Backpapier belegt) geben und bei Ober-/Unterhitze etwa 200 °C (vorgeheizt), Heißluft etwa 180 °C (vorgeheizt), Gas Stufe 3–4 (vorgeheizt) backen. Anschließend die Fladen mit dem Backpapier vom Backblech auf einen Rost ziehen. Erkalten lassen.

Gemüse-Brot-Pasteten

Zubereitungszeit:
120–150 Min.
Garzeit: etwa 60 Min.

Pro Portion:
E: 22 g, F: 17 g, Kh: 79 g,
kJ: 2439, kcal: 582

- **1,5 kg Toastbrot oder Weißbrotscheiben**
- **3 Möhren (etwa 300 g)**
- **2 grüne Paprikaschoten (etwa 400 g)**
- **1 Gemüsezwiebel**
- **500 g kleine, weiße Champignons**
- **5 EL Pflanzenöl**
- **1,2 l Milch**
- **Salz**
- **frisch gemahlener Pfeffer**
- **geriebene Muskatnuss**
- **150 g Weizenmehl**
- **4 Pck. TK-Kräuter der Provence**
- **8 Eier**
- **etwas Pflanzenöl**
- **heißes Wasser**

Außerdem:

- **3 Bögen Alufolie**

1 Toastbrot oder Weißbrotscheiben in große Würfel schneiden.

2 Möhren schälen, waschen, abtropfen lassen. Paprikaschoten halbieren, entstielen, entkernen, die weißen Scheidewände entfernen. Schoten waschen, abtropfen lassen. Gemüsezwiebel abziehen. Möhren, Paprikaschoten und Zwiebel in kleine Würfel schneiden. Champignons putzen, mit Küchenpapier abreiben, evtl. abspülen und trockentupfen. Champignons halbieren.

3 Pflanzenöl in einer Pfanne erhitzen. Das vorbereitete Gemüse portionsweise hinzugeben und etwa 10 Minuten dünsten lassen. Gemüse etwas abkühlen lassen.

4 Milch in einem Topf erhitzen. Salz, Pfeffer und Muskat hinzugeben. Brotwürfel, Mehl, Gemüse und Kräuter in einer großen Schüssel mischen. Eier verschlagen und unterrühren. Milch hinzugießen und untermengen. Die Brot-Gemüse-Masse in drei Teile teilen.

5 Jeweils ein Drittel der Gemüse-Brot-Masse in Form einer Rolle auf je einen doppelt gelegten Bogen Alufolie (gefettet) geben und zu einer Rolle einwickeln. Die Enden jeweils fest verschließen.

6 Wasser in eine Fettfangschale geben, die Rollen hineingeben. Die Fettfangschale in den Backofen schieben. Die Gemüse-Brot-Pasteten darin ziehen lassen (das Wasser sollte immer unterhalb des Siedepunktes sein).

Ober-/Unterhitze:
etwa 200 °C (vorgeheizt)
Heißluft: etwa 180 °C
(nicht vorgeheizt)
Gas: Stufe 3–4 (nicht vorgeheizt)
Garzeit: etwa 60 Min.

7 Die Rollen aus der Fettfangschale nehmen und etwa 10 Minuten ruhen lassen. Dann die Gemüse-Brot-Pasteten aus der Folie nehmen und in Scheiben schneiden.

Beigabe:
Salat von frischen, gemischten Pilzen mit Essig-Öl-Dressing und frischen Schnittlauchröllchen.

Tipp:
Anstelle der Alufolie kann auch doppelt gelegtes Backpapier verwendet werden.

Mit diesen Rezepten können Sie zu Höchstform auflaufen.

Pikante Aufläufe

Auflauf in Kohlrabi

Zubereitungszeit: 100 Min.
Garzeit: etwa 60 Min.

Pro Portion:
E: 21 g, F: 32 g, Kh: 22 g, kJ: 2026, kcal: 484

- **12 große Kohlrabi (je etwa 450 g)**
- **4 Möhren (etwa 400 g)**
- **4 dicke Kartoffeln (etwa 400 g)**
- **1 Gemüsezwiebel (etwa 450 g)**
- **4 l Wasser**
- **600 g gemischtes Hackfleisch (halb Rind-/halb Schweinefleisch**
- **Salz**
- **frisch gemahlener Pfeffer**
- **300 ml Schlagsahne**
- **6 Eier**
- **100 ml Pflanzenöl**
- **500 ml Gemüsebrühe oder -fond**
- **2 Bund glatte Petersilie**

1 Kohlrabi schälen, die Wurzelenden gerade schneiden (damit eine kleine Standfläche entsteht). Möhren putzen, schälen. Kartoffeln schälen. Kohlrabi, Möhren und Kartoffeln waschen und abtropfen lassen. Möhren und Kartoffeln in gleich große Würfel schneiden. Zwiebel abziehen und ebenfalls in Würfel schneiden.

2 Wasser in einem großen Topf zum Kochen bringen. Kohlrabi (in 2–3 Portionen) hinzugeben und etwa 25 Minuten vorgaren. Kohlrabi in einem Sieb abtropfen und etwas abkühlen lassen.

3 Kohlrabi mit einem Kugelausstecher oder Teelöffel so aushöhlen, dass ein 1 1/2–2 cm dicker Rand stehen bleibt. Ausgehöhltes Kohlrabifleisch grob zerkleinern, ein Drittel davon in einer Schüssel mit dem Hackfleisch verkneten. Mit Salz und Pfeffer würzen. Die ausgehöhlten Kohlrabi bis zu zwei Drittel damit füllen. Sahne und Eier verrühren. Mit Salz und Pfeffer würzen.

(Fortsetzung Seite 110)

4 Pflanzenöl in einem großen Bräter erhitzen. Restliches Kohlrabifleisch, Möhren-, Kartoffel- und Zwiebelwürfel darin andünsten. Brühe oder Fond hinzugießen. Die gefüllten Kohlrabi auf das Gemüse setzen. Den Auflauf mit der Eiersahne übergießen. Die Form auf dem Rost in den Backofen schieben.

Ober-/Unterhitze:
etwa 180 °C (vorgeheizt)
Heißluft: etwa 160 °C
(nicht vorgeheizt)
Gas: Stufe 2–3 (nicht vorgeheizt)
Garzeit: etwa 60 Min.

5 Petersilie abspülen, trockentupfen, die Blättchen von den Stängeln zupfen und fein hacken. Den Auflauf vor dem Servieren mit der Petersilie bestreuen.

Reisauflauf mit Schafkäse

Zubereitungszeit: 60 Min.
Garzeit: etwa 60 Min.

Pro Portion:
E: 29 g, F: 34 g, Kh: 47 g,
kJ: 2669, kcal: 638

- **600 g Langkornreis**
- **4 l Salzwasser**
- **6 Tomaten (etwa 600 g)**
- **2 Zucchini (etwa 400 g)**
- **1 Bund Oregano**
- **5 EL Olivenöl**
- **800 g Lammhackfleisch oder Rinderhack, oder halb Rind-/halb Schweinefleisch**
- **Salz**
- **frisch gemahlener Pfeffer**
- **200 g Schafkäse, z. B. Feta**
- **1 l Milch**
- **12 Eier**
- **Knoblauchpulver**

1 Langkornreis in kochendes Salzwasser geben, zugedeckt zum Kochen bringen und nach Packungsanleitung ausquellen lassen. Den garen Reis in ein Sieb geben und gut abtropfen lassen.

2 Tomaten waschen, halbieren, Stängelansätze herausschneiden. Zucchini waschen, abtrocknen, Enden abschneiden. Zucchini und Tomaten in Würfel schneiden. Oregano abspülen, trockentupfen und fein hacken (einige Blättchen zum Garnieren zurücklassen).

3 Olivenöl in einer großen Pfanne erhitzen. Hackfleisch darin anbraten, dabei die Fleischklümpchen mit einer Gabel etwas zerdrücken. Mit Salz und Pfeffer würzen.

4 Schafkäse in Würfel schneiden oder mit einer Gabel zerkleinern. Milch und Eier verrühren. Mit Salz, Pfeffer und Knoblauch würzen.

5 Reis, Zucchini-, Tomatenwürfel, Oregano und Hackfleisch mischen, in eine große Auflaufform geben, die Eiermilch darüber gießen. Schafkäse darauf verteilen. Die Form auf dem Rost in den Backofen schieben.

Ober-/Unterhitze:
etwa 180 °C (vorgeheizt)
Heißluft: etwa 160 °C
(nicht vorgeheizt)
Gas: Stufe 2–3 (nicht vorgeheizt)
Garzeit: etwa 60 Min.

6 Den Auflauf vor dem Servieren mit den beiseite gelegten Oreganoblättchen garnieren.

Beigabe:
Gemischter Salat mit Oliven und milden Peperoni und Olivenbrot.

Chinakohl-Gratin

Zubereitungszeit: 50 Min.
Garzeit: etwa 40 Min.

Pro Portion:
E: 12 g, F: 20 g, Kh: 5 g,
kJ: 1098, kcal: 263

- **2 kg Chinakohl**
- **Salzwasser**
- **750 g Creme-Champignons**
- **Salz**
- **frisch gemahlener Pfeffer**
- **3 Becher (je 150 g) Crème fraîche**
- **300 g Vollmilchjoghurt**
- **5 Eier**
- **geriebene Muskatnuss**
- **Currypulver**
- **200 g geriebener, mittelalter Gouda-Käse**

1 Chinakohl putzen, abspülen, abtropfen lassen. Den Kohl halbieren und den Strunk herausschneiden. Den Kohl vierteln oder achteln. Die Kohlstücke portionsweise in kochendes Salzwasser geben, aufkochen und 2–3 Minuten kochen lassen. Kohlstücke mit einer Schaumkelle herausnehmen und in eine Fettfangschale oder in eine große, flache Auflaufform legen.

2 Champignons putzen, mit Küchenpapier abreiben, evtl. abspülen, abtropfen lassen und in dicke Scheiben schneiden. Champignonscheiben zwischen dem Kohl verteilen. Mit Salz und Pfeffer bestreuen.

3 Crème fraîche und Joghurt verrühren. Eier unterschlagen. Mit Salz, Pfeffer, Muskat und Curry würzen. Die Sauce über die Kohl-Champignon-Masse geben und mit Käse bestreuen. Die Fettfangschale oder die Form auf dem Rost in den Backofen schieben.

Ober-/Unterhitze:
etwa 200 °C (vorgeheizt)
Heißluft: etwa 180 °C
(nicht vorgeheizt)
Gas: Stufe 3–4 (nicht vorgeheizt)
Garzeit: etwa 40 Min.

Beigabe:
Passt gut als Beilage zu Pellkartoffeln und Lachsschnitten. Es reicht auch für 6 Personen als Hauptgericht.

Abwandlung:
Statt mit Chinakohl und Champignons kann das Gericht auch mit der gleichen Menge Spitzkohl und Tomatenwürfeln zubereitet werden.

Texanischer Auflauf

Zubereitungszeit: 45 Min., ohne Auftauzeit
Garzeit: etwa 60 Min.

Pro Portion:
E: 22 g, F: 28 g, Kh: 47 g, kJ: 2316, kcal: 553

- **1 kg TK-Kartoffelwedges (Kartoffelspalten)**
- **750 g TK-Brechbohnen**
- **2 Dosen Kidney-Bohnen (Abtropfgewicht je 230 g)**
- **2 kleine Dosen Gemüsemais (Abtropfgewicht je 360 g)**
- **je 1 rote und grüne Paprikaschote (etwa 400 g)**
- **600 ml Schlagsahne**
- **600 ml Milch**
- **12 Eier**
- **Salz**
- **frisch gemahlener Pfeffer**
- **1 TL Paprikapulver, edelsüß**

1 Kartoffelwedges und Bohnen nach Packungsanleitung auftauen lassen. Kidney-Bohnen und Gemüsemais getrennt in einem Sieb abtropfen lassen.

2 Paprikaschoten halbieren, entstielen, entkernen, die weißen Scheidewände entfernen. Schoten waschen und in Würfel schneiden. Paprikawürfel in kochendem Salzwasser 1–2 Minuten blanchieren. Paprikawürfel in ein Sieb geben, mit kaltem Wasser übergießen und gut abtropfen lassen.

3 Sahne, Milch und Eier gut verrühren. Mit Salz, Pfeffer und Paprika würzen .

4 Kartoffelwedges, Brechbohnen, Kidney-Bohnen, Gemüsemais und Paprikawürfel mischen, in eine große, flache Auflaufform oder Fettfangschale geben und mit der Eiersahne übergießen. Die Form auf dem Rost oder die Fettfangschale in den Backofen schieben.

Ober-/Unterhitze: etwa 180 °C (vorgeheizt)
Heißluft: etwa 160 °C (nicht vorgeheizt)
Gas: Stufe 2–3 (nicht vorgeheizt)
Garzeit: etwa 60 Min.

Abwandlung:

Statt mit Kartoffelwedges kann der Auflauf auch mit Hackfleisch zubereitet werden. Dann 1,5 kg Rindergehacktes in 4 Esslöffeln Olivenöl anbraten, 1 abgezogene, in Würfel geschnittene Gemüsezwiebel mit anbraten. Das Gehackte mit Salz, frisch gemahlenem Pfeffer und Chilipulver würzen. Die beiden Bohnensorten und den Mais daruntermischen. Die Masse in eine Auflaufform oder Fettfangschale füllen und mit der Eiermilch übergießen.
Bei etwa 200 °C (Ober-/Unterhitze), etwa 180 °C (Heißluft) oder Stufe 3–4 (Gas) etwa 40 Minuten überbacken.

Beigabe:

Gemischter Salat und Brot.

Scheibenauflauf

Zubereitungszeit: 95 Min.
Garzeit: etwa 60 Min.

Pro Portion:
E: 29 g, F: 16 g, Kh: 9 g,
kJ: 1301, kcal: 311

- **10 Möhren (etwa 1 kg)**
- **5 Zucchini (etwa 1 kg)**
- **1 l Milch**
- **10 Eier**
- **2 Pck. TK-Kräuter der Provence**
- **Salz**
- **frisch gemahlener Pfeffer**
- **geriebene Muskatnuss**
- **1 kg geräucherte, gebratene Putenbrust, in Scheiben geschnitten**

Für die Form:

- **80 g Butter oder Margarine**

1 Möhren putzen, schälen, waschen, abtropfen lassen. Zucchini waschen, trockenreiben, die Enden abschneiden. Möhren und Zucchini in dünne Längsscheiben schneiden (evtl. mit Hilfe einer Aufschnittmaschine oder eines Sparschälers).

2 Möhrenscheiben in kochendem Salzwasser etwa 2 Minuten blanchieren, in ein Sieb geben, mit kaltem Wasser übergießen und abtropfen lassen.

3 Milch und Eier verrühren, Kräuter hinzugeben. Mit Salz, Pfeffer und Muskat würzen.

4 Putenbrust-, Kartoffel-, und Möhrenscheiben abwechselnd lagenweise in eine große Auflaufform oder Fettfangschale (gefettet) schichten. Eiermilch darüber gießen.

5 Die Form auf dem Rost oder die Fettfangschale in den Backofen schieben.

Ober-/Unterhitze:
etwa 180 °C (vorgeheizt)
Heißluft: etwa 160 °C
(nicht vorgeheizt)
Gas: Stufe 2–3 (nicht vorgeheizt)
Garzeit: etwa 60 Min.

Beigabe:
Kleine, in Knoblauchbutter gebratene Weißbrotscheiben, Brat- oder Röstkartoffeln.

Tipp:
Der Scheibenauflauf kann zusätzlich mit geriebenem Käse überbacken werden. Statt Putenfleischscheiben können Sie auch Schweine- oder Kalbsbratenscheiben verwenden.

Griechischer Nudelauflauf

Zubereitungszeit: 85 Min.
Garzeit: etwa 40 Min.

Pro Portion:
E: 36 g, F: 59 g, Kh: 55 g,
kJ: 3998, kcal: 956

- **4 mittelgroße Auberginen**
- **3 mittelgroße Zucchini**
- **Salz**
- **750 g Makkaroni**
- **4 l Wasser**
- **4 TL Salz**
- **3 große Zwiebeln**
- **6 Knoblauchzehen**
- **150 ml Olivenöl**
- **1,2 kg Lammhack (beim Metzger vorbestellen)**
- **3 Dosen stückige Tomaten (Abtropfgewicht je 400 g)**
- **1 Glas Ajvar (Paprikagemüse [Einwaage 300 g])**
- **3 TL gerebelter Thymian**
- **frisch gemahlener Pfeffer**
- **450 g Crème fraîche**

- **300 g geriebener Käse, z. B. Gratin-Käse, gemischt mit Mozzarella**
- **3 EL Semmelbrösel**
- **einige halbierte, grüne und schwarze Oliven**

1 Auberginen und Zucchini waschen, abtrocknen, von den Auberginen die Stängelansätze und von den Zucchinis die Enden abschneiden. Auberginen und Zucchini in dicke Scheiben schneiden. Auberginenscheiben auf einer Arbeitsfläche ausbreiten, mit Salz bestreuen und etwa 30 Minuten ziehen lassen. Anschließend ausgetretene Flüssigkeit mit Küchenpapier abtupfen.

2 Jeweils etwas Olivenöl in einer großen Pfanne erhitzen. Die Auberginenscheiben portionsweise von beiden Seiten darin anbraten.

3 Makkaroni in fingerlange Stücke brechen. Wasser in einem großen Topf mit geschlossenem Deckel zum Kochen bringen. Dann Salz und Makkaroni zugeben. Die Makkaroni evtl. portionsweise im geöffneten Topf bei mittlerer Hitze nach Packungsanleitung kochen lassen, dabei zwischendurch 4–5-mal umrühren.

4 Anschließend die Makkaroni in ein Sieb geben, mit heißem Wasser abspülen und abtropfen lassen.

5 Zwiebeln und Knoblauch abziehen und in feine Würfel schneiden. Etwas von dem Olivenöl in einer Pfanne erhitzen. Hackfleisch mit den Zwiebel- und Knoblauchwürfeln portionsweise darin anbraten.

6 Tomatenstücke mit Ajvar vermengen. Mit Thymian, Salz und Pfeffer kräftig würzen.

7 Etwas von der Tomatenmischung in eine große Auflaufform oder Fettfangschale geben. Die Hälfte der Makkaroni darauf verteilen. Mit der Hackfeischmasse bedecken, dann die Hälfte der Auberginen- und Zucchinischeiben darauf legen. Crème fraîche darauf streichen, dann die restlichen Makkaroni darauf geben. Den Auflauf mit den restlichen Auberginen- und Zucchinischeiben belegen und mit der restlichen Tomatenmischung bestreichen.

8 Käse mit Semmelbröseln und Olivenhälften mischen und auf dem Auflauf verteilen. Die Form auf dem Rost oder die Fettfangschale in den Backofen schieben.

Ober-/Unterhitze:
etwa 180 °C (vorgeheizt)
Heißluft: etwa 160 °C (vorgeheizt)
Gas: Stufe 2–3 (vorgeheizt)
Garzeit: etwa 40 Min.

Herzhafter Spätzleauflauf „Schwarzwälder Art"

Zubereitungszeit: 75 Min.
Garzeit: etwa 60 Min.

Pro Portion:
E: 21 g, F: 30 g, Kh: 15 g, kJ: 1858, kcal: 443

- **4 l Wasser**
- **4 TL Salz**
- **1 kg Spätzle**
- **600 g Schwarzwälder Schinken**
- **2 Gemüsezwiebeln (etwa 450 g)**
- **1 Dose kleine Pfifferlinge (Abtropfgewicht 450 g)**
- **1 l Milch**
- **10 Eier**
- **2 Pck. TK-Küchenkräuter**
- **Salz**
- **frisch gemahlener Pfeffer**
- **40 g Butter oder Margarine**

Beigabe:
Rustikales, wenn möglich Schwarzwälder Brot.

1 Wasser in einem großen Topf mit geschlossenem Deckel zum Kochen bringen. Dann Salz und Spätzle zugeben. Die Spätzle evtl. in 2 Portionen im geöffneten Topf bei mittlerer Hitze nach Packungsanleitung kochen lassen, dabei zwischendurch 4–5-mal umrühren.

2 Anschließend die Spätzle in ein Sieb geben, mit heißem Wasser abspülen und abtropfen lassen.

3 Schinken zuerst in dünne Scheiben, dann in dünne Streifen schneiden (mit Hilfe einer Aufschnittmaschine). Zwiebeln abziehen und in Würfel schneiden. Pfifferlinge in einem Sieb abtropfen lassen.

4 Milch und Eier verrühren, Kräuter hinzugeben. Mit Salz und Pfeffer würzen.

5 Butter oder Margarine in einer beschichteten Pfanne zerlassen. Zwiebelwürfel, Schinkenstreifen, Pfifferlinge und Spätzle darin andünsten. Anschließend in eine große Auflaufform oder Fettfangschale geben. Eiermilch darüber gießen. Die Form auf dem Rost oder die Fettfangschale in den Backofen schieben.

Ober-/Unterhitze:
etwa 180 °C (vorgeheizt)
Heißluft: etwa 160 °C (nicht vorgeheizt)
Gas: Stufe 2–3 (nicht vorgeheizt)
Garzeit: etwa 60 Min.

Tipp:
Dieser Auflauf kann zusätzlich mit geriebenem Käse, z. B. Emmentaler oder Gouda überbacken werden. Falls keine große Auflaufform vorhanden ist, kann der Auflauf auch in 2 Auflaufformen zubereitet werden. Anstelle der Milch kann auch zu gleichen Teilen Milch und Schlagsahne verwendet werden.

Käsespätzle mit Blattspinat

Zubereitungszeit: 50 Min., ohne Auftauzeit
Garzeit: etwa 20 Min.

Pro Portion:
E: 23 g, F: 34 g, Kh: 14 g, kJ: 1972, kcal: 471

- **1,5 kg TK-Blattspinat**
- **3 Becher (je 125 g) Crème fraîche mit Kräutern**
- **Salz**
- **frisch gemahlener Pfeffer**
- **geriebene Muskatnuss**
- **600 g Butterkäse**
- **8 rote Zwiebeln**
- **6 EL Speiseöl**

- **4 l Wasser**
- **4 TL Salz**
- **1 kg Spätzle**

- **12 EL Pinienkerne**

1 Blattspinat nach Packungsanleitung auftauen lassen, evtl. etwas ausdrücken. Blattspinat mit Crème fraîche in einer großen Schüssel verrühren. Mit Salz, Pfeffer und Muskat würzen. Käse in kleine Würfel schneiden.

2 Zwiebeln abziehen, halbieren und in Ringe schneiden. Speiseöl in einer Pfanne erhitzen, Zwiebelringe unter gelegentlichem Rühren darin braun andünsten.

3 Wasser in einem großen Topf mit geschlossenem Deckel zum Kochen bringen. Dann Salz und Spätzle zugeben. Die Spätzle evtl. in 2 Portionen im geöffneten Topf bei mittlerer Hitze nach Packungsanleitung kochen lassen, dabei zwischendurch 4–5-mal umrühren.

4 Anschließend die Spätzle in ein Sieb geben, mit heißem Wasser abspülen und abtropfen lassen.

5 Abwechselnd eine Schicht Spätzle, eine Schicht Spinat, ein Drittel von dem Käse und einige Zwiebelringe in eine große, flache Auflaufform oder Fettfangschale geben. Diesen Vorgang zwei- bis dreimal wiederholen. Die letzte Schicht sollte aus Käse und Zwiebelringen bestehen.

6 Die Form auf dem Rost oder die Fettfangschale in den Backofen schieben.

Ober-/Unterhitze: etwa 200 °C (vorgeheizt)
Heißluft: etwa 180 °C (vorgeheizt)
Gas: Stufe 3–4 (vorgeheizt)
Garzeit: etwa 20 Min.

7 Falls der Käse zu starkt bräunt, den Auflauf nach etwa 10 Minuten mit Alufolie zudecken.

Tipp:
Sie können den Blattspinat mit Tomaten verfeinern, dafür 500 g in Spalten geschnittene Tomaten unter den Blattspinat heben. Besonders würzig wird der Auflauf, wenn Sie statt Butterkäse in Streifen geschnittenen Raclettekäse verwenden.

Bunte Spaghettinester

Zubereitungszeit: 45 Min.
Garzeit: etwa 25 Min.

Pro Portion:
E: 16 g, F: 28 g, Kh: 61 g,
kJ: 2446, kcal: 584

- **4 mittelgroße Zwiebeln**
- **4 EL Maiskeimöl**
- **8 lange Möhren**
- **5 l Wasser**
- **5 TL Salz**
- **1 kg Spaghetti**
- **8 EL Olivenöl**
- **400 ml Schlagsahne**
- **Salz**
- **frisch gemahlener Pfeffer**
- **200 g Gratin-Käse**

1 Zwiebeln abziehen und in feine Würfel schneiden. Maiskeimöl in einer Pfanne erhitzen. Zwiebelwürfel darin andünsten.

2 Möhren putzen, schälen, waschen und abtropfen lassen. Möhren längs mit einem Sparschäler oder einer Aufschnittmaschine in hauchdünne Scheiben schneiden. Dann längs in Streifen schneiden.

3 Wasser in einem großen Topf mit geschlossenem Deckel zum Kochen bringen. Dann Salz und Spaghetti zugeben. Die Spaghetti im geöffneten Topf bei mittlerer Hitze nach Packungsanleitung kochen lassen, dabei zwischendurch 4–5-mal umrühren. Nach der Hälfte der Garzeit die Möhrenstreifen hinzugeben.

4 Anschließend die Spaghetti-Möhren in ein Sieb geben, mit heißem Wasser abspülen und abtropfen lassen.

5 Olivenöl in einer Pfanne erhitzen. Die Spaghetti-Möhren portionsweise darin andünsten und mit 2 Gabeln zu Nestern formen. Spaghetti-Möhren-Nester in eine Fettfangschale setzen.

6 Sahne mit Salz und Pfeffer würzen. Über die Spaghetti-Möhren-Nester gießen und mit dem Käse bestreuen. Die Fettfangschale in den Backofen schieben.

Ober-/Unterhitze:
etwa 180 °C (vorgeheizt)
Heißluft: etwa 160 °C (vorgeheizt)
Gas: Stufe 2–3 (vorgeheizt)
Garzeit: etwa 25 Min.

Beilage:
Gemischter Salat.

Abwandlung:
Es können zusätzlich noch 2 geputzte, in lange Streifen geschnittene Zucchini zu den Möhren gegeben werden. Zusätzlich können Sie noch aus 1,5 kg Thüringer Mett kleine Klößchen formen, unter die Nudeln heben und alles zusammen in die Fettfangschale geben. In diesem Fall beträgt die Garzeit etwa 40 Minuten.

Tipp:
Die Spaghettinester können gut vorbereitet werden und vor dem Verzehr mit der Sahne übergossen, mit Käse bestreut und dann überbacken werden.

Nudelgratin mit Lamm

Zubereitungszeit: 95 Min.
Garzeit: etwa 30 Min.

Pro Portion:
E: 42 g, F: 45 g, Kh: 53 g, kJ: 3571, kcal: 853

- **1,5 kg Lammfleisch aus der Keule (ohne Knochen)**
- **9 EL Olivenöl**
- **Salz**
- **frisch gemahlener, schwarzer Pfeffer**
- **3 Msp. Cayennepfeffer**
- **3 TL gerebelter Thymian**
- **12 Schalotten**
- **3 Knoblauchzehen**
- **1 Staude Sellerie (etwa 1 kg)**
- **3 Möhren**
- **375 ml (3/8 l) Rotwein**
- **3 Becher (je 150 g) Crème fraîche**
- **4 l Wasser**
- **4 TL Salz**
- **750 g Spiralnudeln**
- **1,5 kg Fleischtomaten**

- **3 EL Semmelbrösel**
- **300 g frisch geriebener Käse, z. B. Emmentaler**

- **Beigabe:**

Gemischter Salat, Rotwein.

1 Lammfleisch unter fließendem kalten Wasser abspülen, trockentupfen und in etwa 2 x 2 cm große Würfel schneiden.

2 Etwas von dem Olivenöl in einem großen Topf erhitzen. Die Lammwürfel portionsweise von allen Seiten kräftig darin anbraten und herausnehmen. Mit Salz, Pfeffer, Cayennepfeffer und Thymian würzen.

3 Schalotten und Knoblauch abziehen, fein hacken und in dem Topf im verbliebenen Fett andünsten.

4 Sellerie putzen, die harten Außenfäden abziehen, Sellerie waschen, abtropfen lassen. Sellerie in feine Stücke schneiden. Möhren putzen, schälen, waschen, trockentupfen und in dünne Scheiben schneiden. Selleriestücke und Möh-renscheiben zu den Schalotten- und Knoblauchwürfeln geben und etwa 5 Minuten mitdünsten lassen. Ebenfalls mit Salz, Pfeffer, Cayennepfeffer und Thymian würzen. Rotwein hinzugießen. Die Zutaten zum Kochen bringen und etwa 10 Minuten leicht kochen lassen. Crème fraîche unterrühren.

5 Wasser in einem großen Topf mit geschlossenem Deckel zum Kochen bringen. Dann Salz und Nudeln zugeben. Die Nudeln portionsweise im geöffneten Topf bei mittlerer Hitze nach Packungsanleitung kochen lassen, dabei zwischendurch 4–5-mal umrühren.

6 Anschließend die Nudeln in ein Sieb geben, mit heißem Wasser abspülen und abtropfen lassen.

7 Tomaten waschen, abtropfen lassen, kreuzweise einschneiden und einige Sekunden in kochendes Wasser legen. Tomaten kurz in kaltes Wasser legen, enthäuten, halbieren, entkernen, Stängelansätze herausschneiden. Fruchtfleisch in große Stücke schneiden. Tomatenstücke zum Gemüse geben und die Lammwürfel unterheben. Nochmals kräftig mit Salz, Pfeffer, Cayennepfeffer und Thymian würzen.

8 Nudeln mit dem Lamm-Gemüse-Ragout vermischen und in eine große, flache Auflaufform oder Fettfangschale geben. Semmelbrösel mit Käse mischen und darüber streuen. Die Form auf dem Rost oder die Fettfangschale in den Backofen schieben.

Ober-/Unterhitze:
etwa 200 °C (vorgeheizt)
Heißluft: etwa 180 °C (vorgeheizt)
Gas: Stufe 3–4 (vorgeheizt)
Garzeit: etwa 30 Min.

Nudelgratin mit Erbsen, Tomaten und Mozzarella

Zubereitungszeit: 60 Min.
Garzeit: etwa 20 Min.

Pro Portion:
E: 39 g, F: 39 g, Kh: 76 g, kJ: 3596, kcal: 859

- **4 l Wasser**
- **4 TL Salz**
- **1,2 kg bunte Spiralnudeln**

- **3 Bund Schnittlauch**
- **750 g Mozzarella-Käse**
- **400 g dünne Scheiben Salami**
- **500 ml (1/2 l) Schlagsahne**
- **3 geh. TL gekörnte Gemüsebrühe**
- **2 Dosen Pizzatomaten (je 400 g)**
- **500 g TK-Erbsen**
- **Salz**
- **frisch gemahlener Pfeffer**

1 Wasser in einem großen Topf mit geschlossenem Deckel zum Kochen bringen. Dann Salz zugeben. Die Nudeln in 3 Portionen im geöffneten Topf bei mittlerer Hitze nach Packungsanleitung kochen lassen, dabei zwischendurch 4–5-mal umrühren.

2 Anschließend die Nudeln mit einem Schaumlöffel aus dem Wasser heben, mit heißem Wasser abspülen und abtropfen lassen.

3 Schnittlauch abspülen, trockentupfen und in Röllchen schneiden. Mozzarella in einem Sieb abtropfen lassen und in etwa 1 x 1 cm große Würfel schneiden. Salami in schmale, etwa 2 cm lange Streifen schneiden.

4 Sahne in einem Topf aufkochen lassen, Gemüsebrühe unter Rühren darin auflösen. Nudeln mit Tomaten und Saft, gefrorenen Erbsen, zwei Drittel der Mozzarellawürfel, zwei Drittel der Schnittlauchröllchen, Salamistreifen und Sahne vermengen. Mit Salz und Pfeffer würzen. Die Masse in eine große, flache Auflaufform oder Fettfangschale geben. Die restlichen Mozzarellawürfel darauf verteilen. Die Form auf dem Rost oder die Fettfangschale in den Backofen schieben.

Ober-/Unterhitze:
etwa 200 °C (vorgeheizt)
Heißluft: etwa 180 °C (vorgeheizt)
Gas: Stufe 3–4 (vorgeheizt)
Garzeit: etwa 20 Min.

5 Das Gratin vor dem Servieren mit den restlichen Schnittlauchröllchen bestreuen.

Tipp:
Wenn das Gratin würziger sein soll, ersetzen Sie den Mozzarella-Käse durch Gouda-, Emmentaler- oder Bergkäse. Nehmen Sie eine Gemüsemischung Ihrer Wahl, z. B. statt der Erbsen blanchierte Brokkoliröschen oder Blattspinat. Ersetzen Sie die Tomatenstücke durch bissfeste, gegarte Möhrenscheiben mit etwas Garflüssigkeit. Dieses Rezept können Sie, ohne dass es etwas von seiner Farbigkeit verliert, auch mit einfachen Nudeln zubereiten.

Französisches Knoblauchgratin

Zubereitungszeit: 50 Min.
Garzeit: etwa 30 Min.

Pro Portion:
E: 21 g, F: 34 g, Kh: 48 g,
kJ: 2535, kcal: 606

- **2 Knoblauchknollen (etwa 12 Knoblauchzehen)**
- **400 ml Schlagsahne**
- **400 ml Fleischbrühe**
- **2 Becher (je 150 g) Crème fraîche**
- **2 TL Kräuter der Provence**
- **Salz**
- **frisch gemahlener Pfeffer**

- **4 l Wasser**
- **4 TL Salz**
- **750 g breite Bandnudeln**

- **3 mittelgroße Zucchini (etwa 750 g)**
- **Salzwasser**
- **500 g Champignons**
- **3 EL Speiseöl**

- **300 g geriebener Käse, z. B. Gratin-Käse**
- **6 EL gehackte Walnusskerne**

1 Knoblauch abziehen und grob hacken. Knoblauch mit Sahne und Brühe in einem Topf etwa 5 Minuten leicht kochen lassen. Crème fraîche und Kräuter der Provence unterrühren. Mit Salz und Pfeffer kräftig würzen.

2 Wasser in einem großen Topf mit geschlossenem Deckel zum Kochen bringen. Dann Salz und Nudeln zugeben. Die Nudeln im geöffneten Topf bei mittlerer Hitze nach Packungsanleitung kochen lassen, dabei zwischendurch 4–5-mal umrühren.

3 Anschließend die Nudeln in ein Sieb geben, mit heißem Wasser abspülen und abtropfen lassen.

4 Zucchini waschen, abtrocknen, die Enden abschneiden und längs in dünne Scheiben schneiden. Zucchinischeiben in kochendem Salzwasser etwa 3 Minuten blanchieren, in ein Sieb geben, mit kaltem Wasser übergießen und gut abtropfen lassen.

5 Champignons putzen, mit Küchenpapier abreiben, evtl. abspülen, trockentupfen und in Scheiben schneiden. Speiseöl in einer Pfanne erhitzen. Champignonscheiben darin andünsten. Mit Salz und Pfeffer würzen.

6 Nudeln, Zucchini-, Champignonscheiben und die Knoblauch-Crème-fraîche-Masse gut vermischen, in eine große, flache Auflaufform oder Fettfangschale geben und mit Käse bestreuen. Die Form auf dem Rost oder die Fettfangschale in den Backofen schieben.

Ober-/Unterhitze: etwa 180 °C (vorgeheizt)
Heißluft: etwa 160 °C (vorgeheizt)
Gas: Stufe 2–3 (vorgeheizt)
Garzeit: etwa 30 Min.

7 Das Gratin vor dem Servieren mit Walnusskernen bestreuen.

Rustikaler Auflauf „Cabanossi"

Zubereitungszeit: 50 Min.
Garzeit: etwa 60 Min.

Pro Portion:
E: 25 g, F: 29 g, Kh: 27 g,
kJ: 2068, kcal: 493

- **6 dicke Möhren (etwa 800 g)**
- **1,4 kg fest kochende Kartoffeln**
- **3 Stangen Porree (Lauch – etwa 600 g)**
- **1 Dose Sauerkraut (Abtropfgewicht 770 g)**
- **3 Cabanossi (etwa 650 g)**
- **1 l Milch**
- **10 Eier**
- **Paprikapulver, edelsüß**
- **Salz**
- **frisch gemahlener Pfeffer**

1 Möhren putzen, schälen, waschen, abtropfen lassen. Kartoffeln waschen, schälen, abspülen und abtropfen lassen. Möhren und Kartoffeln in Scheiben schneiden. Porree putzen, die Stangen längs halbieren, waschen, abtropfen lassen und in feine Streifen schneiden.

2 Sauerkraut in einem Sieb abtropfen lassen. Cabanossi in Scheiben schneiden.

3 Kartoffel-und Möhrenscheiben in kochendem Salzwasser etwa 5 Minuten blanchieren, in ein Sieb geben, mit kaltem Wasser übergießen und abtropfen lassen.

4 Milch und Eier verrühren. Mit Paprika, Salz und Pfeffer würzen. Möhren-, Kartoffelscheiben, Porreestreifen, Sauerkraut und Cabanossischeiben vermengen und in eine große, flache Auflaufform oder Fettfangschale geben. Eiermilch darüber gießen. Die Form auf dem Rost oder die Fettfangschale in den Backofen schieben.

Ober-/Unterhitze:
etwa 180 °C (vorgeheizt)
Heißluft: etwa 160 °C
(nicht vorgeheizt)
Gas: Stufe 2–3 (nicht vorgeheizt)
Garzeit: etwa 60 Min.

Beigabe:
Rustikales Kümmel- oder Zwiebelbaguette.

Abwandlung:
Statt der Cabanossi können auch 6 Mettendchen oder Räucherwürstchen verwendet werden. Sie können auch 5 grüne Paprikaschoten halbieren, entstielen, entkernen, die weißen Scheidewände entfernen. Die Schoten waschen und in Streifen schneiden. Paprikastreifen in kochendem Salzwasser 1–2 Minuten blanchieren. Paprikastreifen in ein Sieb geben und gut abtropfen lassen. Die Paprikastreifen statt Möhren und Porree zum Sauerkraut geben.

Putenauflauf „Schwäbische Art"

Zubereitungszeit: 65 Min.
Garzeit: etwa 60 Min.

Pro Portion:
E: 32 g, F: 40 g, Kh: 21 g,
kJ: 2527, kcal: 603

- **400 g Zuckerschoten**
- **6 Möhren (etwa 600 g)**
- **1 kg Putenbrustfilet**
- **5 EL Pflanzenöl**
- **1200 g Schupfnudeln aus dem Frischeregal oder TK-Schupfnudeln**
- **1 l Schlagsahne**
- **10 Eier**
- **2 Pck. TK-Küchenkräuter**
- **Salz**
- **frisch gemahlener Pfeffer**
- **3 EL Pflanzenöl**

1 Zuckerschoten putzen, die Enden abschneiden, waschen, abtropfen lassen und quer halbieren. Möhren putzen, schälen, waschen, abtropfen lassen und in dünne Scheiben schneiden oder hobeln. Zuckerschoten und Möhrenscheiben in kochendem Salzwasser etwa 2 Minuten blanchieren, mit kaltem Wasser übergießen und in einem Sieb gut abtropfen lassen.

2 Putenbrustfilet unter fließendem kalten Wasser abspülen, trockentupfen und in Streifen schneiden. Pflanzenöl in einer Pfanne erhitzen. Putenbruststreifen in mehreren Portionen unter mehrmaligem Wenden darin anbraten.

3 Schupfnudeln, Zuckerschoten, Möhrenscheiben und Putenbruststreifen gut vermengen und in eine flache Auflaufform oder Fettfangschale geben.

4 Sahne, Eier und Kräuter gut verrühren. Mit Salz und Pfeffer leicht würzen. Die Eiersahne darüber gießen. Die Form auf dem Rost oder die Fettfangschale in den Backofen schieben.

Ober-/Unterhitze:
etwa 180 °C (vorgeheizt)
Heißluft: etwa 160 °C
(nicht vorgeheizt)
Gas: Stufe 2–3 (nicht vorgeheizt)
Garzeit: etwa 60 Min.

Beigabe:
Bunte Blattsalate und Brot.

Abwandlung:
Statt Putenbrustfilet kann auch 1 kg Schweinefilet verwendet werden. Die Schlagsahne können Sie durch 500 ml (1/2 l) Milch oder 450 g Crème fraîche ersetzen. Statt mit Schupfnudeln können Sie den Auflauf auch mit der gleichen Menge Spätzle aus dem Kühlregal zubereiten.

Tipp:
Sahne zur Hälfte durch Milch ersetzen, d. h. 500 ml (1/2 l) Schlagsahne und 500 ml (1/2 l) Milch.

Gurken-Shrimps-Auflauf

Zubereitungszeit: 95 Min., ohne Auftauzeit
Garzeit: etwa 45 Min.

Pro Portion:
E: 21 g, F: 28 g, Kh: 23 g, kJ: 1888, kcal: 450

- **6 mittelgroße Salatgurken (etwa 1,8 kg) oder Schmorgurken**
- **1,2 kg fest kochende Kartoffeln**
- **Salzwasser**
- **2 Gemüsezwiebeln (etwa 500 g)**
- **600 g TK-Shrimps**
- **2 Bund Dill**
- **100 g Butter oder Margarine**
- **500 ml (1/2 l) Milch**
- **500 ml (1/2 l) Schlagsahne**
- **10 Eier (Größe M)**
- **Salz**
- **frisch gemahlener Pfeffer**

1 Gurken waschen, schälen, längs halbieren, das Kerngehäuse mit einem kleinen Löffel herausschaben. Das Fruchtfleisch in etwa 1 cm große Stücke schneiden.

2 Kartoffeln schälen, waschen, abtropfen lassen und in Würfel schneiden. Kartoffelwürfel in kochendem Salzwasser etwa 10 Minuten blanchieren, in ein Sieb geben, mit kaltem Wasser übergießen und abtropfen lassen.

3 Gemüsezwiebeln abziehen und ebenfalls in Würfel schneiden.

4 Shrimps nach Packungsanleitung auftauen lassen, kurz abspülen und trockentupfen. Dill abspülen, trockentupfen und fein hacken.

5 Butter oder Margarine in einer großen, beschichteten Pfanne zerlassen. Gurkenstücke, Kartoffel- und Zwiebelwürfel getrennt portionsweise darin anbraten.

6 Milch, Sahne, Eier und Dill verrühren, mit Salz und Pfeffer würzen. Gurkenstücke mit Kartoffel-, Zwiebelwürfeln und Shrimps vermengen. Mit Salz und Pfeffer würzen. Die Masse in eine große, flache Auflaufform oder Fettfangschale geben und mit der Eier-Sahne-Milch übergießen.

7 Die Form auf dem Rost oder die Fettfangschale in den Backofen schieben.

Ober-/Unterhitze: etwa 180 °C (vorgeheizt)
Heißluft: etwa 160 °C (nicht vorgeheizt)
Gas: Stufe 2–3 (nicht vorgeheizt)
Garzeit: etwa 45 Min.

Beigabe:
Weißbrot, Kräuter-Crème-fraîche und Salat.

Tipp:
Dieser Auflauf kann zusätzlich mit geriebenem Gouda-Käse überbacken werden.

Auflauf von Wurzelgemüsen

Zubereitungszeit: 80 Min.
Garzeit: etwa 60 Min.

Pro Portion:
E: 18 g, F: 45 g, Kh: 9 g,
kJ: 2245, kcal: 537

- **800 g Steckrüben**
- **800 g Knollensellerie**
- **800 g Möhren**
- **Salzwasser**
- **300 g Blauschimmel-Käse, z. B. Gorgonzola, Roquefort oder Bavaria-Blue**
- **1,2 l Schlagsahne**
- **12 Eier (Größe M)**
- **1 Pck. TK-Petersilie**
- **Salz**
- **frisch gemahlener Pfeffer**

1 Steckrüben, Knollensellerie und Möhren putzen, schälen, waschen, abtropfen lassen und in kleine Würfel schneiden.

2 Die Gemüsewürfel in kochendem Salzwasser etwa 5 Minuten blanchieren. Anschließend in ein Sieb geben, mit kaltem Wasser übergießen und gut abtropfen lassen.

3 Gorgonzola, Roquefort oder Bavaria-Blue durch ein Sieb streichen, mit Sahne, Eiern und Petersilie verrühren. Mit Salz und Pfeffer würzen.

4 Gemüsewürfel in eine große, flache Auflaufform geben. Die Käse-Eier-Sahne darüber gießen. Die Form auf dem Rost in den Backofen schieben.

Ober-/Unterhitze:
etwa 180 °C (vorgeheizt)
Heißluft: etwa 160 °C
(nicht vorgeheizt)
Gas: Stufe 2–3 (nicht vorgeheizt)
Garzeit: etwa 60 Min.

5 Evtl. den Auflauf nach etwa 50 Minuten mit Backpapier zudecken.

Beilage:
Gemischter Salat aus Radieschen, Gurken und Tomaten in Essig-Öl-Dressing mit Schnittlauch.

Abwandlung:
Es können auch folgende Gemüsesorten verwendet werden: Zucchini, Möhren und Kohlrabi, oder Brokkoli, Blumenkohl und Porree, oder 2 kg TK-Gemüse. Das frische Gemüse muss wie angegeben blanchiert werden. Der Käse kann auch durch Gratin-Käse ersetzt werden.

Provenzalischer Auflauf

Zubereitungszeit: 90 Min.
Garzeit: etwa 60 Min.

Pro Portion:
E: 35 g, F: 28 g, Kh: 80 g,
kJ: 1831, kcal: 438

- **8 mittelgroße Tomaten (etwa 1 kg)**
- **4 Fenchelknollen (etwa 1 kg)**
- **1 Glas grüne Oliven ohne Stein (Abtropfgewicht 170 g)**
- **1,2 kg Hähnchenbrustfilet**
- **5 EL Olivenöl**
- **Salz**
- **frisch gemahlener Pfeffer**

Für die Sahne-Eier-Sauce:

- **4 Knoblauchzehen**
- **1 Bund Rosmarin oder 1 TL getrockneter Rosmarin**
- **600 ml Schlagsahne**
- **10 Eier**

1 Tomaten waschen, abtropfen lassen und halbieren. Stängelansätze entfernen, Fruchtfleisch in große Würfel schneiden. Von den Fenchelknollen die Stiele dicht oberhalb der Knollen abschneiden. Braune Stellen und Blätter entfernen. Die Knollen waschen, abtropfen lassen, halbieren und würfeln.

2 Fenchelwürfel in kochendem Salzwasser etwa 3 Minuten blanchieren, in ein Sieb geben, kurz mit kaltem Wasser übergießen und gut abtropfen lassen. Oliven in einem Sieb abtropfen lassen.

3 Hähnchenbrustfilets unter fließendem kalten Wasser abspülen, trockentupfen und in Würfel schneiden. Olivenöl in einer Pfanne erhitzen. Filetwürfel von allen Seiten darin anbraten. Mit Salz und Pfeffer würzen.

4 Für die Sauce Knoblauch abziehen und durch eine Knoblauchpresse drücken. Rosmarin abspülen und trockentupfen. Die Nadeln von den Stängeln zupfen.

5 Sahne, Eier, Knoblauch, Rosmarin, Salz und Pfeffer gut verrühren. Tomaten-, Fenchelwürfel und Oliven mit den Filetwürfeln vermischen und in eine große, flache Auflaufform oder Fettfangschale geben. Sahne-Eier-Sauce darüber gießen. Die Form auf dem Rost oder die Fettfangschale in den Backofen schieben.

Ober-/Unterhitze:
etwa 180 °C (vorgeheizt)
Heißluft: etwa 160 °C
(nicht vorgeheizt)
Gas: Stufe 2–3 (nicht vorgeheizt)
Garzeit: etwa 60 Min.

6 Den Auflauf möglichst heiß servieren.

Beigabe:
Knoblauchbrot (Baguette mit Knoblauchbutter bestrichen und geröstet). Mit Rosmarinzweigen garnieren. Statt Fenchel können auch Zucchini, Auberginen oder Paprikastreifen gemischt verwendet werden.

Mit diesen leckeren, süßen Aufläufen werden Sie Ihr Essen zu einem guten Abschluss bringen.

Süsse Aufläufe

Birnen-Ananas-Auflauf

Zubereitungszeit: 35 Min.
Backzeit: etwa 60 Min., je Form

Pro Portion:
E: 10 g, F: 40 g, Kh: 42 g, kJ: 2453, kcal: 586

- **2 Dosen Birnenhälften (Abtropfgewicht je 450 g)**
- **2 Dosen Ananasscheiben (Abtropfgewicht je 500 g)**
- **1 l Schlagsahne**
- **10 Eier (Größe M)**
- **120 g Rohrzucker (brauner Zucker)**
- **2 Fläschchen Rum-Aroma**

- **250 g Rosinen**
- **100 g Kokosraspel**

Für die Formen:
- **40 g Butter**

1 Birnenhälften und Ananasscheiben in einem Sieb abtropfen lassen. Birnenhälften jeweils längs in 3 Spalten schneiden. Ananasscheiben halbieren.

2 Sahne und Eier verschlagen. Zucker und Aroma hinzugeben. Rosinen und Kokosraspel unterrühren.

3 Birnenspalten und Ananashälften in 2 große, flache Auflaufformen abwechselnd in Reihen einschichten. Jeweils die Hälfte der Eier-Rosinen-Kokosraspel-Sahne hinzugießen. Die Formen nacheinander (bei Heißluft zusammen) auf dem Rost in den Backofen schieben.

Ober-/Unterhitze:
etwa 180 °C (vorgeheizt)
Heißluft: etwa 160 °C
(nicht vorgeheizt)
Gas: Stufe 2–3 (nicht vorgeheizt)
Backzeit: etwa 60 Min., je Form.

Tipp:
Birnenhälften und Ananasscheiben können auch in Würfel geschnitten und gemischt in die Auflaufformen gefüllt werden. Den Auflauf vor dem Servieren mit Minze oder Melisseblättchen garnieren.

Erdbeeren mit Apfel-Zabaione

Zubereitungszeit: 50 Min.
Backzeit: etwa 10 Min., je Form

Pro Portion:
E: 9 g, F: 11 g, Kh: 58 g, kJ: 1579, kcal: 378

- **2,5 kg Erdbeeren**

- **4–5 EL Hagelzucker**
- **100 g abgezogene, gehobelte Mandeln**

- **2 helle Biskuitböden (je 200 g)**
- **6 EL Apfelsaft**

- **4 Eier (Größe M)**
- **3 Eigelb (Größe M)**
- **200 g Zucker**
- **375 ml (3/8 l) naturtrüber Apfelsaft**
- **6 EL Zitronensaft**

- **Minze**

- **Puderzucker**

1 Erdbeeren putzen, waschen, abtropfen lassen, entstielen und evtl. halbieren (einige Erdbeeren mit Grün beiseite legen). Erdbeeren mit Hagelzucker und Mandeln mischen.

2 Die Biskuitböden in 2 große Gratinformen legen und mit etwas Apfelsaft beträufeln. Erdbeeren darauf verteilen.

3 Eier, Eigelb, Zucker, Apfel- und Zitronensaft in einem Topf im Wasserbad bei schwacher Hitze schaumig schlagen, bis die Masse dicklich wird (etwa 8 Minuten).

4 Die Sauce über die Erdbeeren gießen. Die Formen nacheinander (bei Heißluft zusammen) in den Backofen schieben und das Gratin überbacken.

Ober-/Unterhitze: etwa 200 °C (vorgeheizt)
Heißluft: etwa 180 °C (vorgeheizt)
Gas: Stufe 3–4 (vorgeheizt)
Backzeit: etwa 10 Min., je Form.

5 Minze abspülen und trockentupfen. Das Gratin mit Puderzucker bestäuben und mit den beiseite gelegten Erdbeeren und Minze garnieren.

Tipp:
Anstelle der Biskuitböden können Sie auch die gleiche Menge Löffelbiskuits in die Formen legen. Der Apfelsaft kann durch Marsala-Wein (Dessertwein) ersetzt werden.

Abwandlung:
Statt der Erdbeeren können auch Himbeeren und Kiwi oder gemischte Zitrusfrüchte, wie Grapefruit, Orangen oder Mandarinen, verwendet werden. Die Früchte dann vor dem Übergießen mit etwas Puderzucker nach Geschmack bestäuben.

Schupfnudel-Auflauf

Zubereitungszeit: 30 Min.
Backzeit: etwa 60 Min., je Form

Pro Portion:
E: 15 g, F: 26 g, Kh: 52 g, kJ: 2187, kcal: 522

- **3 Gläser Zwetschen, ohne Stein (Abtropfgewicht je 400 g)**
- **1,5 kg Schupfnudeln (aus dem Kühlregal)**
- **200 g gehackte Haselnusskerne**
- **1 l Milch**
- **10 Eier (Größe M)**
- **100 g Zucker**
- **2 Pck. Vanillin-Zucker**

Für die Formen:

- **80 g Butter oder Margarine**

1 Zwetschen in einem Sieb abtropfen lassen. Schupfnudeln in eine Schüssel geben und mit den Zwetschen mischen.

2 Haselnusskerne in einer Pfanne ohne Fett anrösten. Milch und Eier in einer Schüssel verschlagen. Zucker und Vanillin-Zucker unterschlagen. Haselnusskerne unterheben.

3 Die Zwetschen-Nudel-Mischung in 2 Auflaufformen (gefettet) geben. Jeweils die Hälfte der Eier-Nuss-Milch darüber gießen. Die Formen nacheinander (bei Heißluft zusammen) auf dem Rost in den Backofen schieben.

Ober-/Unterhitze:
etwa 180 °C (vorgeheizt)
Heißluft: etwa 160 °C (nicht vorgeheizt)
Gas: Stufe 2–3 (nicht vorgeheizt)
Backzeit: etwa 60 Min., je Form.

Beigabe:
Zimt- oder Vanilleeis und geschlagene Sahne.

Süsser Quarkauflauf

Zubereitungszeit: 40 Min.
Backzeit: etwa 1 Std.

Pro Portion:
E: 16 g, F: 14 g, Kh: 58 g, kJ: 831, kcal: 437

- **100 g Butter**
- **250 g Zucker**
- **2 Pck. Vanillin-Zucker**
- **4 Eier (Größe M)**
- **2 Tropfen Zitronen-Aroma**
- **etwas Salz**
- **1 kg Magerquark**
- **250 g Weizengrieß**
- **2 Pck. Pudding-Pulver Vanille-Geschmack**
- **1 Pck. Backpulver**

- **1 kg Äpfel**
- **60 g Rosinen**

- **60 g Butter**

1 Butter mit Handrührgerät mit Rührbesen auf höchster Stufe geschmeidig rühren. Nach und nach Zucker, Vanillin-Zucker, Eier, Aroma, Salz und Quark unterrühren.

2 Grieß mit Pudding-Pulver und Backpulver mischen, portionsweise auf mittlerer Stufe unterrühren.

3 Äpfel schälen, vierteln, entkernen und in kleine Würfel schneiden. Rosinen und Apfelwürfel unter den Teig heben. Den Teig in eine große, flache Auflaufform geben und glatt streichen. Butterflöckchen darauf setzen.

(Fortsetzung Seite 148)

4 Die Form auf dem Rost in den Backofen schieben.

Ober-/Unterhitze:
180–200 °C (vorgeheizt)
Heißluft: 160–180 °C
(nicht vorgeheizt)
Gas: etwa Stufe 3 (nicht vorgeheizt)
Backzeit: etwa 1 Std.

■ **Tipp:**
Sollte der Teig zu fest sein, 4–5 Esslöffel Milch hinzufügen.

Pfirsich-Kirsch-Gratin

Zubereitungszeit: 50 Min.
Backzeit: etwa 10 Min.,
je Form

Pro Portion:
E: 6 g, F: 9 g, Kh: 45 g,
kJ: 1275, kcal: 304

- **1,2 kg Schattenmorellen**
- **150 g Zucker**
- **150 g abgezogene, gemahlene Mandeln**
- **6 Pfirsiche**
- **6 Eiweiß**
- **200 g Zucker**
- **50 g abgezogene, gemahlene Mandeln**

1 Schattenmorellen waschen, abtropfen lassen, entstielen, in einen großen Topf geben, bei schwacher Hitze zum Kochen bringen und etwa 15 Minuten kochen lassen. Schattenmorellen durch ein großes Sieb streichen, so dass die Kerne zurückbleiben.

2 Kirschmus mit Zucker und Mandeln vermengen und in eine große, flache oder in 2 mittelgroße Auflaufformen geben.

3 Pfirsiche mit kochendem Wasser übergießen. Die Haut abziehen, Pfirsiche halbieren, entsteinen und in Spalten schneiden. Pfirsichspalten auf das Kirschmus legen.

4 Eiweiß mit Handrührgerät mit Rührbesen auf höchster Stufe steif schlagen, der Schnee muss so fest sein, dass ein Messerschnitt sichtbar bleibt, nach und nach Zucker unterschlagen. Mandeln vorsichtig unterheben.

■ **Abwandlung:**
Statt der Schattenmorellen können 2 Gläser Pflaumen (Abtropfgewicht je 360 g) und Apfelspalten von 4 geschälten und entkernten Äpfeln verwendet werden. Dann die Pfirsiche weglassen. Gut schmeckt es auch nur mit 1,5 kg gemischtem Steinobst, z. B. Pfirsiche, Nektarinen und Aprikosen.

5 Die Eiweißmasse auf den Pfirsichspalten verteilen. Die Form oder Formen nacheinander (bei Heißluft zusammen) auf dem Rost in den Backofen schieben.

Ober-/Unterhitze: etwa 250 °C
(vorgeheizt, obere Einschubleiste)
Heißluft: etwa 230 °C (vorgeheizt)
Gas: etwa Stufe 5 (vorgeheizt)
Backzeit: etwa 10 Min., je Form.

■ **Tipp:**
Das Gratin wird besonders gut, wenn es unter dem Grill in etwa 5 Minuten überbacken wird. Anstelle der frischen Schattenmorellen können auch 3 Gläser Sauerkirschen (Abtropfgewicht je 360 g) verwendet werden.

Süsser Spätzleauflauf

Zubereitungszeit: 65 Min.
Backzeit: etwa 60 Min.,
je Form

Pro Portion:
E: 12 g, F: 36 g, Kh: 45 g,
kJ: 2426, kcal: 579

- **3 l Wasser**
- **3 TL Salz**
- **1 kg Spätzle**
- **4 Gläser Sauerkirschen, ohne Stein (Abtropfgewicht je 360 g)**
- **1 l Schlagsahne**
- **10 Eier (Größe M)**
- **120 g Zucker**
- **etwas gemahlener Zimt**

Für die Formen:

- **40 g Butter oder Margarine**

1 Wasser in einem großen Topf mit geschlossenem Deckel zum Kochen bringen. Dann Salz und Spätzle zugeben. Die Spätzle in 2 Portionen im geöffneten Topf bei mittlerer Hitze nach Packungsanleitung kochen lassen, dabei zwischendurch 4–5-mal umrühren.

2 Anschließend die Spätzle in ein Sieb geben, mit heißem Wasser abspülen und abtropfen lassen.

3 Sauerkirschen in einem Sieb abtropfen lassen. Sauerkirschen mit Spätzle vermischen.

4 Sahne und Eier verschlagen. Zucker und Zimt unterrühren.

5 Die Spätzle-Sauerkirsch-Mischung in 2 große, flache Auflaufformen (gefettet) verteilen und jeweils mit der Hälfte der Eiersahne übergießen. Die Formen nacheinander (bei Heißluft zusammen) auf dem Rost in den Backofen schieben.

Ober-/Unterhitze:
etwa 180 °C (vorgeheizt)
Heißluft: etwa 160 °C
(nicht vorgeheizt)
Gas: Stufe 2–3 (nicht vorgeheizt)
Backzeit: etwa 60 Min., je Form.

Beigabe:
Speiseeis, z. B. Nuss- oder Vanille-Geschmack oder Fruchteis.

Abwandlung:
Gut schmeckt der Auflauf auch mit Milchreis. Dann aus 500 g Milchreis, 3 l Milch und 100 g Zucker in 2 Portionen nach Packungsanleitung Milchreis kochen und mit den übrigen Zutaten vermischen.

Tipp:
Dieser Auflauf kann je nach Geschmack zusätzlich mit Quark und Vanillin-Zucker verfeinert werden, dann zusätzlich 250 g Speisequark und 2 Pck. Vanillin-Zucker unter die Eiersahne rühren.
Der Auflauf kann auch in einer Fettfangschale zubereitet werden.

Schokoladenauflauf mit Aprikosen

Zubereitungszeit: 25 Min.
Backzeit: etwa 10 Min.

Pro Portion:
E: 7 g, F: 14 g, Kh: 32 g,
kJ: 1223, kcal: 292

Zum Vorbereiten:

- **2 Dosen Aprikosenhälften (Abtropfgewicht je 480 g)**
- **200 g Zartbitterschokolade**

- **2 Pck. Gala Feiner Schokoladenpudding**
- **4 Eigelb (Größe M)**
- **etwa 130 g Zucker**
- **1 l Milch**
- **4 Eiweiß (Größe M)**

Zum Bestreuen:

- **einige abgezogene, gehobelte Mandeln**

1 Zum Vorbereiten Aprikosenhälften in einem Sieb abtropfen lassen. Schokolade grob raspeln.

2 Pudding-Pulver, Eigelb, 100 g Zucker und etwas von der Milch in einer kleinen Schüssel verrühren.

3 Restliche Milch in einem Topf zum Kochen bringen. Angerührtes Pudding-Pulver unter Rühren hineingeben und unter Rühren gut aufkochen lassen. Pudding von der Kochstelle nehmen und geraspelte Schokolade sofort unterrühren. Eiweiß steif schlagen und ebenfalls unter den heißen Pudding heben.

4 Die Hälfte der Aprikosenhälften in eine große Auflaufform oder in mehrere kleine Auflaufformen geben. Den Pudding darauf verteilen. Restliche Aprikosenhälften, Mandeln und restlichen Zucker darauf geben. Die Form oder Formen auf dem Rost in den Backofen schieben.

Ober-/Unterhitze:
etwa 200 °C (vorgeheizt)
Heißluft: etwa 180 °C (vorgeheizt)
Gas: Stufe 3–4 (vorgeheizt)
Backzeit: etwa 10 Min.

Abwandlung:
Der Auflauf kann auch mit 2 Dosen (Abtropfgewicht je 480 g) in Spalten geschnittenen Birnen und 3 Esslöffeln Birnengeist oder 500 g gemischten Rumtopffrüchten und 500 g frischen Früchten zubereitet werden.
Sie können den Auflauf auch unter dem heißen Grill in etwa 5 Minuten überbacken.

Gefächerter Apfelauflauf

Zubereitungszeit: 60 Min.
Backzeit: etwa 60 Min., je Form

Pro Portion:
E: 20 g, F: 28 g, Kh: 106 g, kJ: 3286, kcal: 783

- **3 kg Äpfel, z. B. Boskop**
- **200 g abgezogene, gestiftelte Mandeln**
- **2 helle, fertig gekaufte Biskuitböden (je 500 g)**
- **1 l Milch**
- **10 Eier**
- **120 g Zucker**
- **½ Fläschchen Bittermandel-Aroma**
- **200 g Amarettini (italienisches Mandelgebäck)**

Für die Fomen:

- **80 g Butter oder Margarine**

1 Äpfel schälen, vierteln und entkernen. Mandeln in einer Pfanne ohne Fett hellbraun anrösten.

2 Die Böden von 2 flachen Auflaufformen (gefettet) mit je einem Biskuitboden auslegen.

3 Milch und Eier verschlagen. Zucker und Aroma unterrühren. Amarettini in einen Gefrierbeutel geben, Beutel fest verschließen. Amarettini mit einer Teigrolle grob zerbröseln.

4 Apfelspalten dachziegelartig auf dem Biskuitboden (in den Formen) verteilen und jeweils mit den Mandeln und Amarettinibröseln bestreuen. Eiermilch darüber gießen. Die Formen nacheinander (bei Heißluft zusammen) auf dem Rost in den Backofen schieben.

Ober-/Unterhitze:
etwa 180 °C (vorgeheizt)
Heißluft: etwa 160 °C
(nicht vorgeheizt)
Gas: Stufe 2–3 (nicht vorgeheizt)
Backzeit: etwa 60 Min., je Form

Beigabe:
Vanille- oder Fruchteis und steif geschlagene Sahne.

Abwandlung:
Sie können auch 2,5 kg Birnen schälen, vierteln, entkernen und in Spalten schneiden, etwa 8 Minuten in 250 ml (¼ l) Weißwein dünsten und anstelle der Äpfel verwenden. Statt mit Biskuitböden können Sie den Auflauf auch mit 500 g Löffelbiskuits zubereiten.

Tipp:
Den Auflauf nach etwa 50 Minuten mit Backpapier zudecken, damit er nicht zu dunkel wird.

Kapitelregister

Fisch

Fleisch

Gemüse

Kapitelregister

Pikante Aufläufe

Süsse Aufläufe

Alphabetisches Register

Alphabetisches Register

Umwelthinweis Dieses Buch und der Einband wurden auf chlorfrei gebleichtem Papier gedruckt. Die Einschrumpffolie – zum Schutz vor Verschmutzung – ist aus umweltfreundlichem und recyclingfähigem PE-Material.

Wenn Sie Rezeptanregungen, Vorschläge oder Fragen zu unseren Büchern haben, rufen Sie uns unter folgender Nummer an 05 21/1 55 25 80 oder 52 06 50 oder schreiben Sie uns:
Dr. Oetker Verlag KG, Redaktion, Am Bach 11, 33602 Bielefeld

Bei den in diesem Buch verwendeten Rezeptnamen handelt es sich zum Teil um eingetragene Marken.

Wir danken für die freundliche Unterstützung Ketchum PR, München

Redaktion Carola Reich, Annette Riesenberg

Titelfotos Thomas Diercks, Hamburg

Innenfotos Ulli Hartmann, Bielefeld
(Foodstyling Gerhard Ruhle, Hamburg)
Thomas Diercks, Hamburg

Rezeptentwicklung und -beratung Gerhard Ruhle, Hamburg
Mechthild Plogmaker, Bielefeld

Grafisches Konzept Björn Carstensen, Hamburg
Gestaltung M•D•H Haselhorst, Bielefeld
Einbandgestaltung KonturDesign GmbH, Bielefeld

Reproduktionen MOHN Media • Mohndruck GmbH, Gütersloh
Satz JUNFERMANN Druck & Service, Paderborn
Druck und Bindung Appl Druck GmbH & Co. KG, Wemding

ISBN 3-7670-0617-0